D1986486

Knaus

K

Julian Nida-Rümelin
Nathalie Weidenfeld

Der Sokrates-Club

Philosophische Gespräche
mit Kindern

Mit Illustrationen
von Nina Gottschling

Knaus

W
S
N

Inhalt

Vorwort

Von den Autoren dieses Buches ist die eine Mutter von zwei Töchtern, Schriftstellerin und Dozentin für Filmtheorie, der andere Vater von zwei Töchtern, Philosoph und zeitweise Kulturpolitiker. Wie alle Eltern aufgeweckter Kinder wurden sie immer wieder mit philosophischen Fragen konfrontiert, zum Beispiel: Was ist gerecht oder was heißt es, etwas zu wissen? Da entschlossen sie sich, den Stier bei den Hörnern zu packen und einen »Sokrates-Club« einzurichten. In regelmäßigen Abständen traf sich ein kleiner Kreis von Kindern im Haus der Familie, in wechselnder Zusammensetzung, um gemeinsam zu philosophieren. Das philosophische Gespräch wurde schließlich auf Schulen, ja sogar auf öffentliche Veranstaltungen ausgeweitet. Überall gibt es zahlreiche Kinder, die sich Gedanken machen über Themen, die die Philosophie teilweise schon seit Jahrtausenden beschäftigen – ohne dass den Kindern bewusst ist, dass es sich um philosophische Fragen handelt. In diesen Begegnungen haben alle etwas gelernt, auch die Erwachsenen: Wie kann man eine Frage so formulieren, dass sie klar ist? Welche Meinungen widersprechen sich? Welche Rolle spielt die eigene, kindliche Lebenserfahrung? Abschließende Antworten wurden dagegen selten gegeben – das war auch nicht das Ziel dieser Gespräche. Theorie spielte eine Rolle, aber es war nicht unsere Absicht, verfrüht philosophische Positionen zu lehren. Kenntnisse der Philosophie hingegen waren hilfreich.

Hier setzt dieses Buch an. Ausgehend von den Fragestellungen der Kinder lassen wir uns auf ein philosophisches Gespräch ein. Sokrates steht insofern Pate, als er – nach all dem, was wir wissen – nicht einfach Wissen vermitteln, sondern seine Schüler dazu bringen wollte, ihre Meinungen zu hinterfragen und zu einem eigenen, besser begründeten Urteil zu gelangen. Platon schreibt Sokrates die Überzeugung zu, dass er wie eine Hebamme (Sokrates' Mutter war Hebamme) schon Angelegtes ans Licht holt, Wissen, das im Grunde schon vorhanden ist, bewusst macht. Dass Platon selbst meinte, dass die Philosophie, so wie er sie verstand, erst am Ende eines langen Ausbildungsweges möglich ist, den nur wenige gehen können, steht auf einem anderen Blatt.

Kinder können zweifellos logisch denken. Im philosophischen Gespräch mit den Erwachsenen wird ihnen klar, welche Überzeugungen zueinander passen, logisch verträglich sind, und welche sich zwingend aus anderen Überzeugungen entwickeln und ableiten lassen. Philosophie ist keine Weltanschauungslehre, sondern eine Schule klaren Denkens. Der Beginn jeder Klärung ist das Verwirrende, das Erstaunliche, das Unerwartete. Kinder sind häufiger verwirrt, staunend, verdutzt – das haben sie den Erwachsenen voraus. In dieser Hinsicht sind sie die idealen Partner für das philosophische Gespräch.

Dieses Buch ist ein Gemeinschaftswerk. Es beruht auf zahlreichen Gesprächen mit Kindern – ist insofern eine Art

Extrakt –, aber auch auf alltäglichen elterlichen und schulischen Erfahrungen, und es stützt sich auf eine jahrelange philosophische Lehrpraxis innerhalb und außerhalb der Universität. Die Idee zu diesem Buch hatte Nathalie Weidenfeld. Die Gespräche führte Julian Nida-Rümelin. Protokolliert und ausgewertet wurden sie von Nathalie Weidenfeld. Die Dialoge geben das wieder, was tatsächlich gesagt wurde, allerdings in geraffter Form. Die den Gesprächen folgenden philosophischen Teile sind von Julian Nida-Rümelin. Die Zeichnungen stammen von Nina Gottschling, einer vielseitig begabten Schülerin, die – als die Arbeit am Buch begann – 15 Jahre alt war.

Die Umstände der philosophischen Gespräche waren unterschiedlich. Es begegneten sich Kinder, die sich untereinander nicht kannten, wie bei einer Vorlesung mit Diskussion im Rahmen der Initiative »Kinder-Uni« an der Ludwig-Maximilians-Universität (hier nicht dokumentiert) oder auf einem Volksfest in München (Kapitel 4). Es wurden Gespräche mit einer oder mehreren Klassen einer Grundschule geführt (Kapitel 3/5/6/8), aber es fanden auch Begegnungen zu Hause, mit Freunden unserer Töchter statt (Kapitel 7). Diese Umstände machen sich auch inhaltlich bemerkbar. Je anonymer und größer die Runde, desto zurückhaltender sind die meisten Kinder, je intimer und kleiner, desto offener und persönlicher werden die Gespräche. Es erstaunte uns immer wieder, wie groß die Unterschiede unter Gleichaltrigen sind. Da gibt es diejenigen, die ihre eigene Lebenswelt kaum verlassen, die jede Frage darauf beziehen, was ihnen selbst zugestoßen ist, und andere, die schon ein erstaunlich hohes Abstraktionsvermögen besitzen und komplexe philosophische Argumente verstehen und vorbringen. Manche scheuen sich auch vor großem Publikum nicht, ihre Meinung bestimmt vorzutragen, andere trauen sich kaum ihr Kopfschütteln auf Nachfrage zu erklären.

Das Buch ist folgendermaßen aufgebaut: Nach einem Kapitel zum Thema »Philosophieren mit Kindern« folgen die einzelnen Themen-Kapitel. Diese beginnen jeweils mit einem Gesprächsteil, der einen Gedankenaustausch mit Kindern dokumentiert. Ihm folgt ein theoretischer Teil, der die argumentativen, philosophischen Hilfsmittel für die erwachsenen Gesprächspartner der Kinder zu dieser Thematik bereitstellt. Der theoretische Teil der jeweiligen Kapitel soll eine erste philosophische Orientierung zur Thematik vermitteln, er ist nicht als Kommentar zum Gespräch gedacht. Wenn Sie sich auf das philosophische Gespräch mit Ihren Kindern, Enkelkindern, Schülerinnen und Schülern einlassen, wird der Gesprächsverlauf vermutlich ganz anders sein, daher ist es von Bedeutung, dass Ihnen die wichtigsten philosophischen Argumente vertraut sind, manche von diesen werden dann im Gespräch auftauchen, andere nicht.

In den Gesprächen mit den Kindern wurde nichts dazugedichtet. Das erklärt, warum sich gelegentlich Elemente des theoretischen Teils nicht in den Gesprächen wiederfinden.

Das letzte Kapitel beschäftigt sich mit der Frage, was unter »Philosophie« zu verstehen ist. Es verbindet einen Abriss zur Entwicklung und zum Selbstverständnis des philosophischen Fachs mit einer eigenen Positionsbestimmung.

Das Buch schließt mit einer Zusammenstellung von Steckbriefen zu den wichtigsten Philosophen und Hinweisen zur weiterführenden philosophischen Literatur.

1.
Philosophieren mit Kindern

Manche akademischen Philosophen halten nichts vom Philosophieren mit Kindern. In der Tat ist nicht jede Auffassung, was Philosophie sei, damit vereinbar, mit Kindern zu philosophieren. Wer zum Beispiel meint, dass Philosophieren eine schon für Erwachsene gefährliche Aktivität sei, wird, schon um Schaden von der kindlichen Seele abzuwenden, dagegen sein, mit Kindern zu philosophieren. Nicht nur manche konservative Kleriker vertreten diese Auffassung, auch Wittgenstein scheint ihr zugeneigt zu haben. Wer meint, dass im Zentrum der Philosophie die Axiomatisierung naturwissenschaftlicher Theorien steht, also der Versuch, einige wenige Prinzipien (Axiome) zu formulieren, aus denen sich die gesamte Theorie ableiten lässt, wie manche Hardcore-Analytiker der 60er Jahre, wird ebenfalls wenig von Kinderphilosophie halten. Wer schließlich Kindern nicht zutraut, denken zu können, wird auch skeptisch sein.

Erstaunlich viele Entwicklungspsychologen waren der Auffassung, dass Kinder nicht logisch denken könnten. Das scheint mir eine abwegige Vorstellung zu sein, denn auch kleine Kinder sind offenkundig in der Lage, sich an gegebenen Informationen zu orientieren und einzelne Informationen, also Sätze, auf ihre Widersprüchlichkeit oder Verträglichkeit hin zu beurteilen. Dass es Kindern schwerfällt, die logischen Regeln, die sie anwenden, explizit zu machen, spricht nicht dagegen, dass Kinder logisch denken können.

Muttersprachler kennen die grammatischen Regeln ihrer Sprache auch dann, wenn sie diese nicht explizit machen, nicht formulieren können. Muttersprachler kennen die grammatischen Regeln ihrer Sprache, weil sie im Einzelfall genau beurteilen können, wann diese Regeln verletzt sind. Kinder beherrschen in diesem impliziten Sinn bereits sehr früh logische Regeln, so die Regeln der Inferenz, also wie man etwas begründen kann, und die Regeln der Konsistenz und der Kohärenz. Andernfalls wäre die Fähigkeit, sich in der Welt zu orientieren und wenigstens in überschaubaren Situationen und in kurzer Frist kohärent zu handeln, erst spät, etwa ab dem zwölften Lebensjahr möglich, dies ist in etwa der Zeitpunkt, ab dem Kinder logische Kriterien explizit machen können.

Zweifellos fällt es Kindern dennoch schwer, ihre Praxis über einen längeren Zeitraum hinweg kohärent zu gestalten. Dabei ist eine Art Meta-Kognition im Spiel, das heißt, Kinder wissen, dass ihnen das schwerfällt, sie legen daher Wert darauf, dass »jemand auf sie aufpasst«. Die Angst, die sie unter Umständen haben, sobald sie allein gelassen sind, sobald sie nicht mehr unter den oft unbequemen, Regel setzenden Instanzen von Schulen, Elternschaft, Älteren stehen, weist auf diese realistische Selbsteinschätzung hin. Die Strukturierung des eigenen Lebens fällt Kindern schwer. Konsistenz ist lediglich ein zentraler Aspekt von Kohärenz. Konsistenz ist die Eigenschaft einer Menge von Sätzen, logisch verträglich zu sein, das heißt, dass alle diese Sätze zugleich wahr sein können, vorausgesetzt, die empirischen, aus Erfahrung gewonnenen Bedingungen dafür sind gegeben.

Das philosophische Gespräch mit Kindern kann die Entwicklung der Persönlichkeit fördern und zum Beispiel dazu beitragen, den kindlichen Animismus (der Wind ist böse) zu überwinden. Die Trennung von Beseeltem und Unbeseeltem, von Totem und Lebendigem, von Wesen mit Absichten und solchen, die keine Absichten verfolgen, ist für eine realistische Weltorientierung zentral.

Philosophische Gespräche können dazu beitragen, den kindlichen Egozentrismus zu überwinden. Es ist insbesondere das Gespräch über moralische Fragen, das sich dafür eignet. Die Empathie-Fähigkeit von Kindern, die inzwischen auch von neurowissenschaftlicher Seite, wie etwa dem Verhaltensforscher Michael Tomasello, mit interessanten Befunden gestützt ist, schlägt die Brücke zwischen Ich und Du, und es ist Sache des philosophischen Gesprächs, dieses Du inklusiv bzw. inklusiver zu gestalten. Die Fähigkeit, sich in andere einzufühlen, deren Gefühle zu teilen, sich vorzustellen, wie es ist, in der Situation des anderen zu sein, ist Grundlage für eine moralische Haltung des Respekts gegenüber anderen, für eine Praxis der Rücksichtnahme. Die philosophische Erkenntnis könnte darin bestehen, dass die Nähe oder Ferne, die Ähnlichkeit oder Andersartigkeit nicht das ausschlaggebende Kriterium dafür ist, ob wir Rücksicht nehmen sollten. Kinder sind durchaus schon in der Lage, universalistisch zu urteilen, also zum Beispiel ein Prinzip der Gleichbehandlung aller Menschen zu akzeptieren, auch wenn sich diese Urteile in der Lebenspraxis oft noch nicht

durchsetzen können. Wir sollten Kindern etwas zutrauen, damit fordern wir sie und fördern ihre Persönlichkeitsentwicklung.

Die Kinderphilosophie hat sich seit den 70er Jahren gut entwickelt. In den USA gründete der Philosoph Matthew Lipman 1974 das *Institute for the Advancement of Philosophy for Children,* das sich um die Ausarbeitung von Lehrplänen für Schulen und Vorschulen kümmerte. Ebenso hat sich der amerikanische Philosoph Gareth Matthews für die Praxis des Philosophierens mit Kindern eingesetzt. In Europa haben sich insbesondere seit den 80er Jahren des 20. Jahrhunderts Akademien, Institute und Gesellschaften formiert, deren Ziel es war, die Kinderphilosophie bzw. das Philosophieren mit Kindern auszuüben und weiterzuentwickeln. Sicherlich spielt auch der große Erfolg von Jostein Gaarders *Sofies Welt,* aus dem Jahr 1991, eine gewisse Rolle für den Kinderphilosophie-Boom. Deutschland kann hier auf eine längere Tradition zurückblicken. Bereits in den zwanziger Jahren des 20. Jahrhunderts setzten sich Gelehrte wie der Reformpädagoge und Philosoph Herman Nohl oder der Philosoph Leonard Nelson für einen verstärkten Philosophieunterricht an den Schulen ein. In der heutigen Zeit haben sich vor allem Ekkehard Martens und Detlef Horster um die Kinderphilosophie in Deutschland verdient gemacht.

Die Ansätze zur Kinderphilosophie und ihrer Methodik sind von jeher sehr unterschiedlich gewesen. Wenn man unter »Meta-Philosophie« die Philosophie der Philosophie versteht, dann prägen meta-philosophische Überzeugungen die Art und Weise des Philosophierens mit Kindern. Das ist unumgänglich. Problematisch wird es allerdings, wenn innerphilosophische Schulstreitereien auf Kosten der Kinder ausgetragen werden. Das Philosophieren mit Kindern ist nicht der Ort, um zu klären, ob der phänomenologische oder der analytische Ansatz in der Philosophie der richtige ist, ob die Klassiker der Philosophie bereits alles gesagt haben oder ob es einen genuinen Fortschritt in der philosophischen Analyse gibt, ob die Philosophie lediglich aus Fragen oder nicht doch auch aus Antworten besteht, ob die Einzelwissenschaften eine Fortsetzung oder etwas ganz anderes sind als die Philosophie.

Jeder Erwachsene, der mit Kindern philosophiert, wird seinen eigenen Stil entwickeln. Uns scheint vor allem wichtig zu sein, dass sich das kindliche Denken entfalten kann und dass dem Gespräch nicht zu enge Bandagen angelegt werden. Oft genügt ein Stichwort, um Kinder zum Nachdenken und Nachfragen anzuregen. Gelegentlich treibt die freie Assoziation Kinder weit weg vom ursprünglichen Thema, sodass man als Erwachsener gegebenenfalls eingreifen und die Fragestellung in Erinnerung rufen muss. Philosophisches Hintergrundwissen sollte nicht aufgedrängt werden, sondern lediglich als Leitfaden für weitere Fragen dienen. Erstaunlicherweise entfaltet sich in einem längeren Gespräch zumeist ganz zwanglos der gesamte Reichtum philosophischer Argumente und Positionen. In den jeweiligen Kapiteln wurde dies durch Verweise kenntlich gemacht. Wir haben gute Erfahrungen damit gemacht, uns wie Sokrates als Hebammen zu verstehen.

Kindern fehlen oft die Worte, um das zu formulieren, was ihnen vorschwebt. An solchen Stellen einzugreifen, ist keine Bevormundung, sondern *maieutike* – Hebammenkunst.

Auch im philosophischen Gespräch kann es zu Denkfehlern und Irrtümern kommen. Diese zu korrigieren, ist keine Respektlosigkeit gegenüber Kindern, sondern ein Gebot der Wahrhaftigkeit.

In den folgenden Kapiteln werden philosophische Gespräche mit Kindern dokumentiert und in einem systematischen Teil jeweils die einschlägigen philosophischen Argumente und Positionen umrissen. Dieser systematische Teil ist als Orientierungshilfe für Eltern, Großeltern, Lehrerinnen und Lehrer sowie für alle, die mit Kindern philosophieren wollen, gedacht. Natürlich kann dies nicht die vertiefende Lektüre philosophischer Werke ersetzen. Dennoch ist es unser Ziel, in möglichst kompakter Form die jeweilige philosophische Problematik so weit zu strukturieren, dass ein fruchtbarer Gedankenaustausch möglich ist. In unseren Gesprächen haben wir die Erfahrung gemacht, dass die Neugierde und der Eifer der Kinder eine eigene Dynamik entwickeln, die man durch vorstrukturierte Fragenkataloge ersticken würde. Nehmen Sie das dokumentierte Gespräch und die jeweilige systematische Darstellung der Problematik als einen Steinbruch, aus dem Sie, je nach Bedarf, Teile herausbrechen können, um den Gedankenaustausch anzuregen und neue Impulse zu geben.

Es wäre wünschenswert, dass die Philosophie an deutschen Schulen eine größere Rolle spielte. Es ist kaum zu verstehen, dass ein Land, das in den letzten dreihundert Jahren einen so großen Teil der philosophischen Literatur hervorgebracht hat, dessen wichtigste Denker – von Leibniz über Kant, Hegel, Husserl, Heidegger bis zu Wittgenstein oder in der Gegenwart Jürgen Habermas und Ernst Tugendhat –

weltweit studiert werden, die Philosophie und die Ethik in den Schulen so stiefmütterlich, lediglich als Ersatz zum Religionsunterricht, behandelt. Die Ganztagsschulen, die gegenwärtig eingerichtet werden, böten die Gelegenheit, sich intensiver mit philosophischen Fragen auseinanderzusetzen, die die Kinder beschäftigen.

Die hier dokumentierten Gespräche bilden ein weites Spektrum der Philosophie ab.

Im nachstehenden zweiten Kapitel, »Wahrheit und Wissen oder: *Warum ich die Wahrheit sagen und trotzdem lügen kann*«, geht es um die Grundbegriffe der Erkenntnistheorie.

Im dritten Kapitel, »Freiheit und Verantwortung oder: *Warum wir nicht alles dürfen, was wir wollen*«, wird das Grundproblem der Ethik erörtert.

Das vierte Kapitel, »Moral im Umgang mit Tieren oder: *Warum wir die Katze nicht in die Waschmaschine stecken dürfen*«, weitet den Horizont und bezieht auch Tiere in das moralisch zu Berücksichtigende ein. In der heute üblichen Einteilung der philosophischen Disziplin gehört die Tierethik zur angewandten Ethik.

Das fünfte Kapitel, »Gerechtigkeit oder: *Warum es gerecht sein kann, dass das Eichhörnchen nur drei Nüsse bekommt und der Löwe fünfhundert*«, befasst sich mit der Grundfrage der politischen Philosophie von Platon bis Rawls, nämlich der nach der politischen Gerechtigkeit.

Das sechste Kapitel, »Menschlichkeit oder: *Warum Menschen mehr sind als nur Zweibeiner ohne Federn*«, beschäftigt sich mit der Frage »Was ist der Mensch?«, also der Anthropologie.

Das siebte Kapitel, »Identität oder: *Kann ein böser*

Mensch entscheiden, ab heute ein guter zu sein?«, erörtert die Frage der individuellen menschlichen Identität, die zur Philosophie des Geistes, aber auch zur Handlungstheorie gerechnet wird.

Das achte Kapitel geht der Frage nach, die seit der Antike möglicherweise die Philosophie am intensivsten beschäftigt hat: »Glück oder: *Warum man dem Kuscheldino im Blumentopf mit Gleichmut begegnen muss.*«

2.
Wahrheit und Wissen oder:
Warum ich die Wahrheit sagen und trotzdem lügen kann

Wir sind in der Gebeleschule, einer traditionsreichen Grundschule in München. Im ersten Stock steht eine steinerne Skulptur – ein kleiner Engel, der auf einer Bulldogge sitzt. Es ist Winter, und der Engel hat eine rote Wollmütze auf und ein paar Schals um seinen Hals gewickelt. Wahrscheinlich ist er so etwas wie der »Fundsachen-Engel«, den die Kinder mit herrenlosen Kleidungsstücken behängen.

Mit der Rektorin der Gebeleschule, Christine Lorbeer, haben wir vereinbart, insgesamt vier Sitzungen abzuhalten, in denen wir mit zwei zweiten und einer vierten Klasse philosophieren wollen. Wir sind gespannt, wie es laufen wird, schließlich ist es eine Art Experiment: Was passiert, wenn man ein paar Klassen zusammenwirft und außerhalb des regulären Schulbetriebs mit philosophischen Fragen konfrontiert.

Wir werden von einer der Lehrerinnen, Lucy Engler-Hamm, in einen wunderschön gestalteten Raum geführt, der sich »Weltenwunderland« nennt. Eine Wandseite besteht aus einer riesigen Bibliothek, in der jedoch keine Bücher, sondern große Ordner stehen. Jeder dieser Ordner trägt als Titel ein Datum. Das ganze Jahr findet sich so abgebildet. Wenn man die Ordner öffnet, sind leere, weiße

Seiten zu sehen. Eine schöne Metapher dafür, dass die jungen Menschen, die hier ein- und ausgehen, ihr ganzes Leben noch vor sich haben und selbst die Geschichte ihres Leben schreiben müssen. Ein schönes Motto auch für das, was wir vorhaben. Wichtig ist nicht, dass die Kinder bestimmte philosophische Inhalte lernen, sondern ihre eigenen Gedanken entfalten können.

Die Kinder haben auf dem Boden Platz genommen. Es müssen so an die fünfzig Schülerinnen und Schüler sein.

Heute geht es um ein großes und wichtiges Thema, nämlich um Wahrheit und Wissen. Wann kann man denn sagen, dass man etwas weiß?

Ein großer Junge mit einem blonden Pagenkopf meldet sich: »Also, man kann ganz sicher etwas wissen, wenn man es selber getan hat. Wenn ich die Hausaufgaben gemacht hab, weiß ich, dass sie gemacht sind.«

»Oder wenn ich etwas sehe«, sagt ein kleiner dünner Junge mit gelockten Haaren und großen, blauen Augen. »Wenn ich S. 33
sehe, dass es draußen schön ist, dann weiß ich das auch.«

»Ich weiß aber zum Beispiel auch, wie alt ich bin!«, sagt ein Junge in einem gelben T-Shirt.

Und woher weißt du das?

Die Kinder schauen verwundert.

»Das weiß man doch!«, antwortet der Junge.

»Ich kann doch die Jahre mitzählen, also ich meine, ich war doch selber dabei!«, sagt der kleine Junge mit den gelockten Haaren.

»Quatsch«, ruft sein Nachbar, »wenn man ein Baby ist, dann kann man nicht zählen. Mein kleiner Bruder, der ist ein Jahr alt und kann noch nicht mal ›Spaghetti‹ sagen!«

S. 43

Dann meldet sich ein blondes Mädchen mit großen blauen Augen: »Also, jeder hat eine Geburtsurkunde. Und da steht das doch drauf, also muss das doch stimmen!«

»Ja, aber vielleicht hat da jemand was Falsches reingeschrieben«, sagt ein dunkelhaariger Junge, der neben ihr sitzt.

Die Kinder denken nach. Langsam begreifen sie, dass die Sache mit der Wahrheit doch nicht so einfach ist, wie zunächst gedacht.

»Also, ich weiß, was ich gelernt hab«, sagt ein Junge.

»Ja, aber vielleicht hat die Lehrerin was Falsches gesagt, und dann hast du was Falsches gelernt!«, sagt der Junge im gelben T-Shirt.

»Aber eins plus eins ist doch zwei, das weiß ich doch!«, antwortet derselbe Junge.

Jetzt kommt eine schwierige Frage. Was ist, wenn jemand sagt: Ich weiß genau, welche Zahlen nächsten Sonntag im Lotto gezogen werden. Würdet ihr das glauben?

Die Kinder lachen. Nein, das würden sie nicht glauben.

»Außer da ist so eine Hexe, die mit einer Kugel wahrsagen kann und so«, sagt ein Mädchen mit einem lila Glitzershirt.

»Quatsch, Hexen gibt's doch gar nicht!«, meldet sich ein großer Junge mit einem schwarzen Pulli, auf dem ein Piratenkopf zu sehen ist.

Und was würdet ihr sagen, wenn derjenige jetzt doch im Lotto gewinnt?

»Dann war das eben Zufall!«, ruft der Junge im schwarzen Pulli.

Wusste er es dann oder wusste er es nicht?

Die Kinder sind unschlüssig.

Wer sagt, er wusste es?

Ein paar wenige Hände gehen in die Luft.

Und wer sagt, er wusste es nicht?

Alle anderen Hände gehen nach oben.

Wann würdet ihr sagen, jemand weiß etwas, was ist Wissen? S. 38

»Also, Wissen ist im Gehirn gespeicherte Daten!«, sagt ein dunkelhäutiger Junge mit einem T-Shirt, auf dem die brasilianische Flagge abgebildet ist.

Auch wenn sie falsch sind?

Die Kinder schweigen.

S. 32

»Also, so richtig wissen kann man eigentlich nie was!«, sagt der Junge mit dem schwarzen Piratenpulli.

Und warum nicht?

»Na ja, weil man nie alles wissen kann. Der Pulli von der Sarah zum Beispiel, der ist grün, aber ich kann ja nicht wissen, ob da nicht auch ein bisschen gelb drin ist, dass ich halt nur nicht sehe.«

S. 43

»Genau! Ich kann zwar glauben, dass ich blonde Haare hab, aber in Wirklichkeit hab ich auch ein paar braune!«, sagt ein Mädchen und zeigt dabei auf ihre blonden Zöpfe.

»Vielleicht kann das so ein Wissenschaftler sagen, wenn der so ein Gerät hat, mit dem er sich die Haare ganz genau ansehen kann.«

S. 50

Wahrheit ist also nicht unbedingt das, von dem ich überzeugt bin, dass es wahr ist. Können wir sagen: Wissen ist, wenn man von etwas überzeugt ist, das wahr ist, und ich außerdem gute Gründe für diese Überzeugung habe?

Die Kinder nicken.

Aber jetzt gebe ich euch eine ganz schwierige Nuss zum Knabbern. Das Beispiel stammt übrigens nicht von mir, sondern von einem Philosophen namens Paul Gettier. Also hört gut zu. Nehmt einmal an, ihr seid mit euren Eltern auf einer Insel und wartet auf ein Schiff, das um sechzehn Uhr kommen soll. Nun steht ihr kurz vor vier oben auf einem Aussichtsturm und ihr seht ein Schiff, das auf den Hafen zufährt. Jetzt denkt ihr euch: Aha, da ist mein Schiff! Ihr nehmt eure Reisetasche, geht runter zum Hafen, und da ist auch das Schiff. Nun ist es aber so, dass das Schiff, das ihr vorhin gesehen hattet, nicht das Schiff war, das jetzt vor euch liegt. Es war irgendein anderes Schiff. Und jetzt meine Frage: Kann man sagen, ihr wusstet, dass das Schiff kommen würde?

Die Kinder denken nach. Dann gehen ein paar Hände in die Luft.

»Also, ich wusste nicht, welches Schiff das richtige war. Ich dachte nur, dass es das richtige war«, sagt ein Mädchen mit glatten braunen Haaren bestimmt.

Aber jetzt steht das Schiff da, und ihr hattet ja recht, es zu erwarten.

»Ja, aber ich hab mich ja dann doch geirrt!«, sagt ein Junge mit dunklen Haaren.

Warum?

Weil ich meinte, das Schiff, das ich gesehen habe, ist das, auf das wir warten. Aber es war ja ein anderes.

Aber das Schiff kam ja wie erwartet, und es war doch nicht unvernünftig anzunehmen, dass es sich bei dem Schiff, das du kommen sahst, um gerade dieses handelt, auf das ihr wartet.

Gut, ich habe mich dann nicht geirrt, dass das Schiff kommt, aber ich habe mich geirrt, dass es dieses Schiff ist.

Man kann also sagen, dass ihr zwar mit der Erwartung recht hattet, dass das Schiff rechtzeitig kommt, aber eben aus den falschen Gründen. Das ist, wie wenn ein Mann, der zufällig beim Lotto die richtigen Nummern gezogen hat, behauptet, er habe gewusst, welche Zahlen gezogen werden. Er wusste nicht, wie die Zahlen sein würden, er hatte einfach Glück. Für Wissen reicht es also nicht aus, dass eine Überzeugung wahr ist, nicht einmal, dass man gute Gründe hat, sie für wahr zu halten, sondern es muss auch der richtige Zusammenhand, zwischen den Gründen und der Tatsache bestehen, in unserem Beispiel: es muss das richtige Schiff sein, das ich da sehe, damit wir sagen können: Ich wusste, dass das Schiff rechtzeitig kommt.

Die Kinder überlegen. Einige nicken, das überzeugt sie, andere schauen etwas ratlos. Das Thema ist schwierig, trotzdem sind sie ganz bei der Sache.

Wer von euch hat eigentlich schon einmal gelogen?

Zaghaft gehen ein paar Hände in die Höhe. Dann werden es immer mehr.

Und wer hat noch nie gelogen?

Ein kleiner Junge meldet sich, als er aber sieht, dass er der Einzige ist, schaut er etwas unsicher und senkt seine Hand wieder.

Manche Wissenschaftler behaupten, dass ein erwachsener Mensch zweihundert Mal am Tag lügt. Könnt ihr euch vorstellen, dass eure Lehrerin zweihundert Mal am Tag lügt?

Die Kinder lachen.

Was, würdet ihr sagen, ist eine Lüge?

»Also, wenn mein kleiner Bruder sagt, dass er meinen Eisbären nicht in den Kühlschrank gelegt hat, und dann liegt er da, das ist dann voll gelogen!«, sagt ein Mädchen mit langen dunklen Haaren.

Passt mal auf. Nehmen wir mal an, du fragst deinen Bruder, wo dein Eisbär liegt, und er antwortet: Er ist entweder unten auf der Couch oder im Eisschrank, obwohl er genau weiß, dass er nicht auf der Couch, sondern im Eisschrank ist. Hat er dann gelogen oder nicht?

-18°C
FLEISCH
KÄSE
TOAST GOLD
MILK
ACE

Die Kinder denken nach.

Dann sagt das Mädchen mit den langen dunklen Haaren: »Wenn er mir nicht sagt, wo der Eisbär ist, und er weiß aber genau, wo der ist, dann lügt er!«

S. 53

»Na ja, aber er hat ja nicht gesagt, dass er nicht im Kühlschrank ist, also hat er ja nicht so richtig gelogen«, sagt der Junge mit dem T-Shirt und der brasilianischen Flagge nachdenklich.

Trotzdem ist der Satz »auf der Couch oder im Kühlschrank« nicht falsch, oder? Wenn du recht hast, dann könnte man also lügen, obwohl man die Wahrheit sagt!

»Cool!«, ruft der Junge im schwarzen Pulli.

Aber in solchen Fällen sagen wir eigentlich nicht, »das war ein Lüge«, sondern eher, »das war nicht ganz ehrlich«. Es scheint also, dass wir unehrlich sein können, ohne die Unwahrheit zu sagen. Manchmal erweckt man falsche Erwartungen mit Äußerungen, die nicht falsch sind. In unserem Beispiel: Es ist eben nicht falsch, dass sich der Eisbär im Kühlschrank oder unter der Couch befindet, aber wenn dein Bruder das sagt, erweckt er bei dir den Eindruck, dass er nicht weiß, ob der Eisbär im Kühlschrank oder unter der Couch ist, und das ist ein falscher Eindruck, weil er ja weiß, wo der Eisbär ist.

»Genau, das ist dann aber doch eine Lüge, wenn er mich an der Nase herumführt!«, sagt das Mädchen mit den langen dunklen Haaren.

»Vielleicht ist es keine richtige Lüge, aber ich finde es einfach unfair, wenn er so redet«, wirft ein Mädchen, das bisher noch nichts gesagt hatte, ein.

Vor vielen Jahren glaubten die Menschen, dass sich die Sonne um die Erde dreht, heute weiß man, dass es anders ist. Trotzdem waren die Menschen damals überzeugt, dass es so war. Kann man sagen, sie haben gelogen?

»Nein!«, wirft ein asiatisch aussehendes Mädchen ein, das ein Hello-Kitty-T-Shirt trägt.

Und warum nicht?

»Weil die doch nicht wussten, dass das falsch war!« S. 48

Nehmen wir an, du hast dich mit einer Freundin zum Schlittschuhlaufen verabredet. Du sagst ihr, wir treffen uns nachher um sechzehn Uhr. Aber auf dem Weg dahin fällt dir ein, dass du an dem Tag Klavierunterricht hast. Du machst also kehrt und triffst dich nicht mit ihr. Würdest du sagen, dass du, als du dich verabredet hast, gelogen hast?

»Hm, irgendwie schon«, antwortet ein Junge. Dann aber wird er stutzig und fügt hinzu: »Also ... na ja ... ich hatte das mit dem Klavier halt vergessen, und deshalb dachte ich, dass wir uns treffen würden. Das ist doch nicht das Gleiche, als wenn ich weiß, dass es nicht geht, und ich sage es trotzdem, oder?«

Nehmen wir noch einmal an, eure Lehrerin sagt euch eines Tages, dass ihr morgen einen Ausflug in den Zoo machen werdet. Am nächsten Tag kommt ihr mit eurem Rucksack in die Schule, dann fahrt ihr aber nicht in den Zoo, sondern schreibt eine Matheprobe. Ist das eine Lüge?

»Ja, und zwar eine ziemlich fiese«, empört sich ein rothaariger Junge mit Sommersprossen.

»Aber vielleicht wusste sie es vorher selber nicht«, sagt seine Nachbarin und stößt ihn mit dem Ellenbogen an. »Dann ist es nicht so richtig gelogen.«

Halten wir fest: Wenn etwas eine Lüge ist, dann muss derjenige, der lügt, wissen, dass er etwas Falsches sagt. Eure Lehrerin hätte also nur dann wirklich gelogen, wenn sie von Anfang an geplant hatte, die Matheprobe zu schreiben, richtig?

S. 53

Die Kinder nicken.

Lasst uns das zusammenfassen: Damit eine Äußerung eine Lüge ist, muss sie erstens falsch sein, und derjenige, der diese Äußerung tut, muss auch wissen, dass sie falsch ist.

Aber was ist im Theater? Wenn ein Schauspieler sagt: Ich bin der Froschkönig! Lügt er dann?

Der kleine Junge mit den Locken meldet sich: »Also, wenn der Schauspieler mit Vornamen ›Frosch‹ und mit Nachnamen ›König‹ heißt, dann nicht!«

Das war gut! Und angenommen, er heißt nicht so?

»Also, es ist ja so eine Art Spiel, und deshalb lügt er auch nicht«, sagt das Mädchen mit den großen blauen Augen.

Was heißt das, es ist nur ein Spiel?

»Na ja, jeder weiß ja, dass er nicht der Froschkönig ist, deswegen ist das keine Lüge«, sagt das asiatisch aussehende Mädchen.

Genau. Damit eine Äußerung eine Lüge ist, muss sie folgende Eigenschaften haben: Erstens, sie muss falsch sein, sie darf mit den Tatsachen nicht übereinstimmen. Zweitens, derjenige, der das sagt, muss wissen, dass sie falsch ist. Drittens, er muss auch die Absicht haben, zu täuschen. Der Schauspieler auf der Bühne lügt nicht, weil er ja weiß, dass die Zuschauer nicht glauben, dass das, was er sagt, wahr ist.

Die Kinder nicken zustimmend.

Dann gibt es noch eine andere Art von Lügen. Im Englischen nennt man sie *white lies,* weiße Lügen. Zum Beispiel kann es sein, dass es eurer Freundin schlecht geht, und ihr wisst das auch. Wenn ihr sie jetzt fragt, wie es ihr geht, und sie sagt, mir geht's ganz okay, dann wisst ihr zwar, dass das nicht wahr ist, aber ihr versteht, dass sie nicht sagen will, wie es ihr in Wirklichkeit geht, und ihr respektiert das. Hättest du in einem solchen Fall das Gefühl, belogen worden zu sein?

S. 55

»Nein, eigentlich nicht«, sagt ein kleines Mädchen vorne rechts.

Aber warum nicht?

»Weil sie ja weiß, dass ich gar nicht unbedingt will, dass sie mir sagt, wie es ihr wirklich geht«, antwortet sie.

Ja, so sehe ich das auch.

Die Stunde ist um. Als wir rausgehen, sehe ich zum Engel und seinem Freund. Inzwischen hat ihm jemand die rote Pudelmütze über das Gesicht gezogen. Ob die beiden auch gelegentlich über Wahrheit und Wissen philosophieren? Wahrscheinlich haben sie genug damit zu tun, die Kleidungsstücke zu verwahren, bis die rechtmäßigen Besitzer sie wieder an sich nehmen.

Wahrheit und Wissen

Was ist Wahrheit, und wann kann man sagen, wir wüssten etwas? Diese beiden Fragen markieren die sogenannte theoretische Philosophie mit ihren Disziplinen Wahrheitstheorie, Erkenntnistheorie, Ontologie und Wissenschaftstheorie. Die Wahrheitstheorie fragt nach dem, was Wahrheit ist, ob sie erlangt und wenn, wie sie erlangt werden kann. Die Erkenntnistheorie befasst sich mit den Kriterien wohlbegründeten Wissens, die Ontologie damit, was existiert, und die Wissenschaftstheorie mit den Methoden der Erkenntnisgewinnung in den einzelnen Wissenschaften. Wir beschränken uns im Folgenden auf einige wenige Leitfragen der theoretischen Philosophie.

»Also, so richtig wissen kann man eigentlich nie was!«

Fallibilismus

Unter Fallibilismus versteht man die philosophische Auffassung, dass Überzeugungen irrig sein können, dass es kein sicheres Fundament unbezweifelbarer Überzeugungen gibt, aus dem sich alles Wissen ableiten lässt. Die Rationalisten der Neuzeit, am bekanntesten ist René Descartes, hatten versucht, alles menschliche Wissen auf einige wenige, unbezweifelbare Prinzipien zurückzuführen, Prinzipien, die allein durch Überlegen gewonnen werden können, etwa das *cogito ergo sum* – wenn ich denke, kann ich nicht bezweifeln, dass ich existiere.

»Wenn ich sehe, dass es draußen schön ist,
dann weiß ich das auch.«

Empirismus

Im Gegensatz zu Rationalisten wie Descartes, die alles Wissen auf Vernunft zurückführen, sind Empiristen der Meinung, dass letztlich alles Wissen auf Erfahrung gründet. Radikale Empiristen meinen, dass Theorien und Hypothesen nur sinnvoll seien, sofern es eine Methode gibt, sie durch Erfahrungsdaten zu verifizieren oder aber zu falsifizieren. Gegen den radikalen Empirismus spricht, dass wir Erfahrungen nur machen können, wenn wir unsere Sinneseindrücke schon in einem gewissen Umfange strukturieren, also Vorwissen oder Sichtweisen einbringen. Bereits frühneuzeitliche Philosophen waren der Meinung, dass wahre Einsicht auf empirischen Erkenntnissen beruht, so vertrat zum Beispiel Francis Bacon die Ansicht, dass wahre Erkenntnis durch Auslöschung von falschen Vorstellungen, von Trugbildern, zu erreichen sei. In der europäischen Aufklärung war es unter anderem David Hume, der meinte, dass es unmöglich sei, einfache Vorstellungen zu haben oder einfache Dinge zu denken, die nicht irgendwann einmal als unmittelbare Wahrnehmung gegeben waren. Ebenso sah John Locke, ein Vertreter des englischen Empirismus, Erfahrung als die Grundlage jedes Wissens an.

Wahrheit und Lüge

Viele Menschen meinen, Kinder könnten nicht unterscheiden zwischen wahr und falsch, zwischen Realität und Phantasie. Ich glaube, dass diese Einschätzung auf einer Fehlinterpretation beruht. Kinder sind in der Lage, sich in der Welt recht gut zu orientieren. Sie sind schnell empört, wenn sie ihre Eltern bei einer Lüge ertappen. Sie beobachten genau. Was Kindern, aber auch vielen Erwachsenen fehlt, ist die Fähigkeit, von unmittelbaren Erfahrungen zu abstrahieren, zu verallgemeinern, aus einzelnen Daten eine kohärente, in sich geschlossene Sichtweise zu entwickeln. Zudem sind sie stärker als Jugendliche oder Erwachsene darauf bedacht, das zu sagen, was von ihnen erwartet wird. Die berühmten Falschaussagen von Kindern vor Gericht hängen wohl eher damit zusammen als mit der mangelnden Fähigkeit, zwischen Realität und Phantasie zu unterscheiden. Kinder sind, nach meinem Eindruck, in der Regel überzeugte Anhänger der klassischen zweiwertigen Logik: Ist das nun wahr oder nicht? Ausweichende, ambivalente Antworten werden nicht geduldet. Sie wollen wissen, wie es ist, und haben meist wenig Verständnis dafür, dass es manchmal schwierig sein kann, herauszufinden, wie es wirklich ist. Dass es nicht zugleich der Fall sein kann, dass die Sonne scheint und dass sie nicht scheint, ist Kindern jedoch klar. Dass ein »Oder«-Satz wahr ist, wenn einer seiner Teile wahr ist, ist Kindern offenkundig klar, sobald sie sprechen können. Schließlich kann man sie im Restaurant fragen: Willst du dies oder willst du jenes? Kein Kind kommt auf die Idee, dass diese Frage etwa bedeutungsgleich wäre mit der: Willst du dies und jenes? Die logischen Junktoren, wie Philosophen Partikel wie »nicht«, »und«, »oder« etc. nennen, werden von Kindern verstanden. Sie gebrauchen diese Junktoren in der gleichen Weise wie Erwachsene. Dies kann schon deswegen nicht anders sein, weil die Grammatik unserer Sprache vom kohärenten Gebrauch logischer Junktoren abhängig ist oder besser: diese enthält. Die klassische Logik besagt, ein Satz ist entweder wahr oder falsch. In der Alltagssprache gibt es jedoch zahlreiche Beispiele, die diese Sichtweise der klassischen Logik – ein Satz ist entweder wahr oder falsch – infrage stellen. Nehmen wir folgendes Beispiel: Ein Kind wird gefragt: Leugnest du, dass du die Süßigkeiten genommen hast, oder gibst du es zu? Was immer das Kind antwortet, es scheint damit zuzugeben, dass es die Süßigkeiten genommen hat. Der Satz: X leugnet, die Süßigkeiten genommen zu haben, und seine Verneinung: X leugnet nicht, die Süßigkeiten genommen zu haben, scheinen keine vollständige Alternative zu bilden, es kann ja schließlich sein, dass X die Süßigkeiten nicht genommen hat. Die Frage: Gibst du zu, die Süßigkeiten genommen zu haben? – setzt voraus, dass das Kind die Süßigkeiten genommen hat, daher ist die Antwort: Nein! – irreführend für den Fall, dass es die Leckereien nicht genommen hat. Das Kind könnte hier die Antwort lediglich verweigern und sagen: Ich kann weder etwas zugeben noch etwas leugnen, das ich nicht getan habe. An dieser Stelle schlagen einige Logiker, zum Beispiel Ulrich Blau, vor, einen dritten Wahrheitswert, etwa »unbestimmt«, einzuführen, der diese Besonderheit erfasst. Wenn ein Satz eine Präsupposition, etwas (impliziert) Vorausgesetztes, behauptet, dann ist er weder wahr noch falsch, wenn diese Präsupposition nicht zutrifft. Allerdings scheint damit etwas aufgegeben zu werden, was man als den Kerngedanken des philosophischen Realismus bezeichnen kann. Für Realisten gibt es Fakten, die von menschlicher Erkenntnis unabhängig sind. Welche Temperatur die Sonne in ihrem Inneren hat, ist physikalisch nicht einfach zu bestimmen, nehmen wir an, es ließe sich überhaupt nicht bestimmen. Trotzdem sind wir, als Realisten, davon überzeugt, dass es eine solche Temperatur gibt, dass die Frage, welche Temperatur das Sonneninnere hat, im Prinzip eine Antwort hat, dass es sich um ein objektives Faktum handelt. Etwas ist der Fall, oder es ist nicht der Fall: *Tertium non datur* – ein Drittes gibt es nicht.

Täuschung und Wahrheit

Eine Täuschungshandlung setzt voraus, dass ich mich in die andere Person, diejenige, die getäuscht werden soll, hineinversetze. Ich sage etwas, um zu erreichen, dass diese Person eine Überzeugung hat, die falsch ist, und ich weiß, dass sie falsch ist. Bei Kindern ist dies etwa ab dem vierten Lebensjahr möglich. Man kann dazu ein Experiment machen: Man nehme zwei Becher und lege unter einen Becher einen Würfel, und zwar so, dass die Mutter des Kindes sieht, dass der Würfel, unter dem betreffenden Becher ist. Die Mutter verlässt den Raum, und nun wird der Würfel unter den anderen Becher gelegt, an das Kind wird nun die Frage gerichtet: Unter welchem Becher wird die Mutter wohl den Würfel suchen? Sehr kleine Kinder erwarten, dass die Mutter den Würfel unter dem Becher sucht, unter dem sich der Würfel tatsächlich befindet. Man kann dies folgendermaßen interpretieren: Das Kind weiß ja, dass sich der Würfel nun unter dem anderen Becher befindet, und es kann sich nicht in die Situation der Mutter versetzen, es ist nicht in der Lage, sich vorzustellen, wie sich die Überzeugungen der Mutter bilden. Ein älteres Kind wird sich hingegen erinnern, dass die Mutter gesehen hat, wie der Würfel unter den jeweiligen Becher gelegt wurde, und folglich bei ihrer Rückkehr erwarten wird, dass sich der Würfel immer noch dort befindet. Diese Fähigkeit wurde bei unserer Arbeit mit den Kindern bestätigt und zeigt sich ebenfalls deutlich in den von uns geführten Gesprächen.

In der Tierforschung, speziell der Verhaltensforschung bei Tieren, der Ethologie, spricht man hier vom Vorhandensein einer *theory of mind* und entwickelt Experimente, um festzustellen, ob ein Tier über diese Fähigkeit, sich in die Meinungsbildung einer anderen Person hineinzuversetzen, der anderen Person Überzeugungen zuzuschreiben, verfügt oder nicht. So liegt es zum Beispiel nahe, dass Täuschungsverhalten bei Tieren voraussetzt, dass diese über eine *theory of mind* verfügen, sofern diese Täuschung bewusst vollzogen wird. Es gibt zahlreiche empirische Befunde, die dafür sprechen, dass Menschenaffen über eine *theory of mind* in diesem Sinne verfügen.

Kinder sind also ab einem bestimmten Alter in der Lage, nicht allein zwischen Täuschung und Wahrheit zu unterscheiden, sondern die verschiedenen Qualitäten einer Aussage, im Spektrum zwischen Wahrheit und Lüge, zu unterscheiden und entsprechend zu reagieren.

»Also, Wissen ist im Gehirn gespeicherte Daten!«

Rationalität und Wahrheit

Epistemische Rationalität (*»epistêmê«* bedeutet Wissen oder Wissenschaft) ist eine bestimmte Form der Vernunft, in der es um Gründe für Überzeugungen geht. Das Ziel, die Vorkommnisse, wie sie sich tatsächlich zugetragen haben, korrekt wiederzugeben, ist keineswegs selbstverständlich. So hat sich etwa die Geschichtsschreibung in Europa erst relativ spät als eine Disziplin entwickelt, die um die objektive Wiedergabe des Geschehenen bemüht ist. Schließlich gibt es ganz andere Motive, Geschehnisse aufzuschreiben, etwa der Ruhm eines Feldherrn oder eines Fürsten, der diese Texte möglicherweise in Auftrag gegeben hat. Warum sollte ein Feldherr Interesse daran haben, dass der tatsächliche Verlauf der Schlacht so beschrieben wird, wie er sich zugetragen hat, wenn dies seinem höheren Ruhm abträglich ist? Warum sollte der Historiker ein Interesse daran haben, die Geschehnisse möglichst objektiv wiederzugeben? Wir können als Zeitungsleser täglich feststellen, dass viele Berichterstatter offenbar ein starkes Interesse haben, die Dinge so zu berichten, dass sie der eigenen politischen oder weltanschaulichen Position förderlich sind. Die strikte Trennung von Kommentar, in dem die eigene Meinung zum Ausdruck kommt, und Bericht, der die Sachverhalte möglichst objektiv schildert, lässt sich selten konsequent durchhalten. Viele bemühen sich jedoch nicht einmal um eine möglichst adäquate Darstellung von Sachverhalten, bevor sie sich eine Meinung zu ihnen bilden, vielmehr wählen sie die Sachverhalte aus, die ihrer vorgefassten Meinung günstig sind, und unterschlagen jene, die sie erschüttern könnten.

An dieser Stelle liegt ein philosophischer Einwand auf der Hand: Gibt es so etwas wie Realität eigentlich? Realität, ist das nicht eine naive Vorstellung? Ist Realität nicht immer abhängig von unseren Begriffen, der Art und Weise unserer Wahrnehmung, unserer subjektiven Perspektive? Die philosophische Realitäts- und Objektivitätsskepsis gibt es seit der Antike in unterschiedlich radikaler Form. Der antike Philosoph Gorgias wird mit der Äußerung zitiert: »Es gibt nichts, und wenn es etwas gäbe, könnten wir es nicht erkennen. Wenn wir etwas erkennen könnten, könnten wir es nicht mitteilen.« In der europäischen Antike, aber auch in einzelnen Richtungen des Buddhismus ist eine radikale philosophische Skepsis Teil der Lebenskunst. Die Leere spielt im japanischen Zen-Buddhismus eine zentrale Rolle. Die Antwort des philosophischen Idealismus, einer sich im 18. Jahrhundert in Deutschland entwickelnden, auf spezifischen Ideen der Aufklärung beruhenden Philosophie, auf die Skepsis ist, dass wir sehr wohl etwas wissen, aber dass wir das, was wir wissen, allein aus der Vernunft ableiten. Für Immanuel Kant, einen der bedeutendsten Philosophen der europäischen Aufklärung und Begründer der Klassischen Deutschen

Philosophie, bleibt so das Ding an sich verborgen. Erst die Anschauungsformen von Raum und Zeit, unsere Ordnung der Erscheinungen, ermöglicht empirische Erkenntnis. Für Kant sind diese Anschauungsformen von Raum und Zeit a priori, sie sind keine Verallgemeinerungen, die unserer Erfahrung entstammen, sondern Voraussetzungen dafür, dass wir überhaupt etwas erfahren können. Der dreidimensionale euklidische Raum ist demnach kein empirisches Faktum, sondern eine Annahme, ohne die man physikalische Erkenntnisse nicht gewinnen kann.

Weniger in der Philosophie, aber dafür umso mehr in den Geistes- und Sozialwissenschaften ist gegenwärtig viel vom (radikalen) Konstruktivismus die Rede. Demnach ist unsere kulturelle und soziale Realität konstruiert, nicht etwa in dem Sinne, dass einzelne Menschen sich bestimmte Gegenstände konstruieren, sondern in dem Sinne, dass die kulturellen Praktiken bestimmte Gegenstände hervorbringen. Um ein berühmtes Beispiel zu nennen: Die Geschlechter sind nach konstruktivistischer Auffassung konstruiert, wir gehören nicht von Natur aus zu einem Geschlecht, sondern die Geschlechterzugehörigkeit, die Rollen des Mannes und der Frau, beruhen auf bestimmten sozialen und kulturellen Praktiken, auf Erwartungen und Formen der Abrichtung, etwa in der Erziehung, die diese Rollenmuster festlegen. Vieles spricht in der Tat dafür, dass unsere soziale Welt, in der wir leben, zu einem großen Teil konventionell ist, dass etwa die Erwartungen, die wir an Frauen bzw. Männer haben, nicht, oder jedenfalls nicht allein, durch die biologischen Eigenschaften der Geschlechtszugehörigkeit festgelegt sind. Auch die rechtlichen Normierungen haben sich im Laufe der

Zeit gewandelt. Noch bis vor wenigen Jahrzehnten durften Frauen ohne Zustimmung des Mannes nicht berufstätig sein und keine größeren Rechtsgeschäfte tätigen. Dies brachte ein bestimmtes Geschlechterstereotyp hervor, nach dem der Mann das Oberhaupt der Familie ist, seinerseits die Verantwortung trägt, die Familie durch seine Erwerbstätigkeit zu ernähren, während die Frau sich um Kinder und Haushalt zu kümmern hatte. Das hat sich mittlerweile geändert und ebenfalls in den Normen des Familienrechts niedergeschlagen. Aber auch wenn die spezifischen Erwartungen an die Geschlechter sich im Laufe der Zeit und von Kultur zu Kultur wandeln, scheint es nicht zutreffend zu sein, dass die Eigenschaft, Mann oder Frau zu sein, vollständig sozial und kulturell konstruiert ist.

Betrachten wir ein weiteres Beispiel: das Recht auf Leben und körperliche Unversehrtheit. Das Recht auf Leben und körperliche Unversehrtheit gehört zu den Grundrechten unserer Verfassung. Nun könnte man sagen, es sei erst die Verabschiedung des Grundgesetzes gewesen, die dieses Recht konstruiert habe, zuvor habe es dies, ausweislich der Praktiken der Nationalsozialisten, in Deutschland nicht gegeben. Die Interpretation ist aber nicht überzeugend, denn dann könnten wir nicht mehr sagen, dass die NS-Diktatur das Recht auf Leben und körperliche Unversehrtheit von Millionen von Menschen verletzt habe. Die Menschenrechtsverletzungen der NS-Diktatur haben stattgefunden, ganz unabhängig davon, wie die jeweiligen Rechtsnormen des NS-Staates gefasst waren. Konstruktivisten kritisieren eine solche Auffassung, dass Dinge notwendige, fest bestimmte Eigenschaften haben, als Essentialismus. Tatsächlich aber setzt jede Form von seriöser Kritik voraus, dass es normative Sachverhalte gibt, deren Existenz nicht lediglich von den Konstruktionen einer Kultur abhängt. Entweder wir beschränken uns auf die kritiklose Beschreibung kultureller Praktiken und Regeln, oder wir postulieren so etwas wie moralische, allgemeiner gesagt, normative Sachverhalte und die Existenz objektiver moralischer Sachverhalte, wie etwa die der Menschenrechte. Ein radikaler Konstruktivismus oder eine radikale Skepsis, gar eine nihilistische, alles verneinende Auffassung, ist in der Lebenswelt nicht durchzuhalten. Menschen, die solchen Auffassungen anhängen, leben nach Regeln, die mit dieser unvereinbar sind. In diesem Sinne kann man ernsthaft, das heißt in der lebensweltlichen Praxis des Handelns, der Interaktionen und der Verständigung nicht bestehen, ohne Realitäten anzuerkennen. Nach unserer Erfahrung sind Kinder zunächst Realisten, wenn sie auch oft einem Perspektivismus verhaftet sind, also meinen, was sie aus ihrer Perspektive wahrnehmen, sei objektiv so. Ältere Kinder und Jugendliche nehmen dagegen oft, zumindest für eine gewisse Zeit, eine konstruktivistische Haltung ein, die es ihnen erspart, sich damit auseinanderzusetzen, was – objektiv – für eine bestimmte Überzeugung, eine bestimmte Handlung spricht. Dieser »pubertäre« Konstruktivismus ist attraktiv, weil er erlaubt, die eigenen subjektiven Meinungen der Kritik zu entziehen.

»Ich kann zwar glauben, dass ich blonde Haare hab, aber in Wirklichkeit hab ich auch ein paar braune! … Vielleicht kann das so ein Wissenschaftler sagen, wenn der so ein Gerät hat, mit dem er sich die Haare ganz genau ansehen kann.«

Szientismus, Gewissheit und Ungewissheit

Wie unser Gespräch mit den Kindern, aber auch die eigene Erfahrung zeigt, hoffen wir häufig, dass uns drängende Fragen von wissenschaftlicher Seite überzeugend beantwortet werden. Szientismus ist die Auffassung, dass die einzige Form verlässlicher Rationalität die wissenschaftliche, speziell die naturwissenschaftliche sei, dass erst die Wissenschaften etablieren, was gilt und was nicht gilt, was existiert oder nicht existiert. Das ist ein Irrtum, auch die Wissenschaften müssen sich an unserer Erfahrung bewähren, die Wissenschaften setzen die Begründungs- und Erklärungspraxis des Alltags fort, entwickeln Instrumente, um bestimmte Sachverhalte präziser beschreiben zu können, und Theorien, um Kausalzusammenhänge zu erklären. Damit verknüpfen sie Sachverhalte miteinander, die vorher unverbunden schienen. Wir können sagen, dass die Wissenschaften und die Philosophie einen Beitrag leisten, um die Kohärenz unserer Überzeugungen zu erhöhen.

Ich habe in verschiedenen Schriften für einen unaufgeregten Realismus plädiert. Ein solcher Realismus kommt ohne Metaphysik aus, er muss sich nicht erst rechtfertigen, indem er eine philosophische Theorie dessen, was wirklich ist, entwickelt. Er beruht auf einer Praxis, die wir alle teilen und zu der gehört, dass wir das Bestehen bestimmter Sachverhalte nicht infrage stellen. Diejenigen, die für ihre Überzeugungen absolute Gewissheit suchen, welche die Wissenschaften und die Philosophie bemühen, um alle Zweifel zu zerstreuen, laufen in besonderer Weise Gefahr, in einer radikalen Skepsis oder zumindest im Konstruktivismus zu enden. Zur Unaufgeregtheit des Realismus, für den ich plädiere, gehört, dass wir absolute Gewissheit nicht erwarten und nicht erstreben. Wir können uns irren, in unserer Lebenswelt, in den Einzelwissenschaften, in der Philosophie. Wir können uns bezüglich fast jeder Überzeugung irren. Aber es gibt ein Gefälle subjektiver Gewissheit. Einiges ist gewisser und anderes ist ungewisser, und die Begründungspraxis besteht gerade darin, zwischen dem Ungewisseren und dem Gewisseren einen Zusammenhang herzustellen, der es erlaubt, das Ungewissere unter Verweis auf das Gewissere zu klären. Wir brauchen keine Rechtfertigung für unsere Überzeugung, dass dort ein Baum steht, weil wir keinen Grund haben, daran zu zweifeln. Spätestens seit der frühen Neuzeit ist die Auffassung verbreitet, dass es Aufgabe der Philosophie und der Wissenschaften generell sei, absolute Gewissheit für unsere Überzeugungen zu erreichen. Dass das, was uns sicher erscheint, erst durch die wissenschaftliche und die philosophische Erklärung wirklich gewiss wird. Mit dieser Aufgabenstellung aber würde sich die Philosophie ebenso übernehmen wie die Einzelwissenschaften. Eine solche Erwartung an die Wissenschaften nährt zudem die Ideologie, welche wir als Szientismus bezeichnen können: nämlich die Auffassung, dass wir uns auf unsere Überzeugungen nicht verlassen können, außer es gibt dazu eine wissenschaftliche Theorie. Tatsächlich ist es eher umgekehrt. Die wissenschaftlichen Theorien müssen sich an unseren alltäglichen Überzeugungen bewähren. Eine wissenschaftliche Theorie, die zum Ergebnis kommt, dass wir nicht sicher sein können, dass vor uns ein Baum steht, ist in sich unglaubwürdig. Eine wissenschaftliche Theorie, die bestreitet, dass Menschen verantwortlich handeln können, ist schon deswegen unglaubwürdig. Die gesamte Praxis der wissenschaftlichen Theoriebildung, der innerwissenschaftlichen Verständigung, der Kooperation unter Wissenschaftlern beruht darauf, dass wir uns auf unsere Wahrnehmungen im Großen und Ganzen verlassen können, dass die Überzeugungen einer Person sich in einer bestimmten Weise äußern, dass wir unserer Lebenswelt nicht fremd werden. Auch wenn ich also eventuell einzelne braune Haare zwischen den blonden habe, die ohne wissenschaftliche, technische Hilfe nicht zu sehen sind, wie von den Kindern im Gespräch angedeutet, ist der ausschließlich rationale Verlass auf die Wissenschaften in unserer Alltagswelt irrtümlich. Wissenschaftliche Erkenntnis muss sich mit unserer Erfahrungswelt decken, um überzeugend zu sein.

Die Rolle der Philosophie bei der Suche nach Wahrheit

Die Philosophie entwickelt Kriterien für wohlbegründete Überzeugungen und Kriterien für richtige Entscheidungen. Als theoretische Philosophie beschäftigt sie sich mit der

Rationalität des Erkennens, als praktische Philosophie mit der Richtigkeit des Handelns. Die Physik ist eine Nachbardisziplin der theoretischen Philosophie, die Politikwissenschaft oder die Jurisprudenz der praktischen Philosophie. Die Philosophie ist aber nicht die Disziplin der letzten Begründung, sie steht nicht über, sondern neben den anderen Wissenschaften. Auch wenn sie als Integrations- und Orientierungswissenschaft, wie im Kapitel »Was ist Philosophie?« beschrieben, eine besondere Rolle spielt. Wir benötigen nicht die Wissenschaften oder die Philosophie, um zu klären, was wir wissen. Edmund Husserl, der Begründer der philosophischen Richtung der Phänomenologie, hat 1936 den Begriff der »Lebenswelt« eingeführt. Er verwendet diesen Begriff nicht ganz einheitlich, und die Interpretationen gehen weit auseinander. Im Kern aber steht die Überzeugung, dass die Wissenschaften eines vor-theoretischen Fundamentes bedürften, das unsere Lebenswelt, die vortheoretischen Überzeugungen, die unsere Praxis und unsere Verständigung leiten, von den wissenschaftlichen Theorien nicht ersetzt werden, sondern diese voraussetzen. Sehr viel später und aus einer ganz anderen philosophischen Perspektive betont Ludwig Wittgenstein die unhintergehbare Rolle der Lebensform, der alltäglichen Praxis, der Interaktionen und der Verständigung. Während Husserl offenbar noch darauf setzte, dass es ein sicheres Fundament einer Wissenschaft außerhalb der Wissenschaft geben könne und die Phänomenologie durch Einklammerung sich diesem Ideal der Separierung solcher Gewissheiten anzunähern versuchte, gibt Wittgenstein diese Hoffnung auf. Es gibt nur das mehr oder weniger Gewisse, was wir nicht bezweifeln können, weil es am Grund aller unserer Praxis liegt, weil es das Flussbett formt, innerhalb dessen wir unsere Überzeugungen bilden und unsere Meinungen ändern. Das Flussbett kann sich aber verschieben. Es gibt keine klare Separierung zwischen dem Gewissen und dem Ungewissen: »Der Übergang vom Fluss zum Flussbett ist fließend.«

Kommunikation und Wahrheit

Gegen Ende des 20. Jahrhunderts hat dann der Sprachphilosoph Donald Davidson einen wichtigen Aspekt hinzugefügt. Er hat gute Argumente entwickelt für die These, dass unsere gesamte Verständigungspraxis nur möglich ist, wenn das Gros unserer Überzeugungen wahr ist. Wir könnten eine Sprache gar nicht lernen, wenn die Mitteilungen, die Kinder in den ersten Lebensjahren über die Welt, in der sie leben, von ihren Eltern, von anderen Erwachsenen, aber auch von älteren Geschwistern erhalten, nicht in der Regel wahr wären. Sie lernen eine Sprache, indem sie einen Zusammenhang zwischen Welt und sprachlichem Ausdruck herstellen. Wenn es keine verlässliche Verbindung zwischen beidem gäbe, könnten wir unsere erste Sprache, unsere Muttersprache, nicht erlernen. Nicht nur Wahrhaftigkeit und Vertrauen sind Voraussetzung einer Sprachgemeinschaft, sondern auch Wahrheit, so kann man Davidsons sprachphilosophische Analyse zusammenfassen. Man kann dieses Ergebnis auch folgendermaßen fassen: Wir können nicht alle unsere Überzeugungen zugleich anzweifeln, eine radikale Skepsis ist unmöglich. Diese Unmöglichkeit ist nicht lediglich eine psychologische, sondern eine logische. Es scheint zunächst, dass eine Sprachgemeinschaft lediglich Wahrhaftigkeit und Vertrauen, in hinreichendem Umfang, voraussetzen muss. Kommunikation findet nur statt, wenn das, was die Person äußert, auch vom Adressaten für wahr gehalten wird. Vertrauen ist aber nur gerechtfertigt, wenn der Adressat davon ausgehen kann, dass der Sprecher wahrhaftig ist. Wir müssen aber mehr fordern als lediglich Wahrhaftigkeit und Vertrauen, wir müssen Verlässlichkeit fordern in dem Sinne, dass unsere Äußerungen nicht nur unseren Überzeugungen entsprechen, also wahrhaftig sind, sondern auch der Realität. Wir können uns manchmal irren, aber diese Irrtümer dürfen nicht zu häufig auftreten, weil wir sonst keine verlässlichen Beziehungen zwischen Sprache und Welt entwickeln könnten und Kinder keine Sprache lernen würden.

»Weil die doch nicht wussten, dass das falsch war!«

Wissen und Wahrheit

Unser Wissensbegriff ist eng an den der Wahrheit gekoppelt. Wenn eine Person weiß, dass etwas der Fall ist, weiß, dass p, dann ist p wahr. Versetzen wir uns ins 14. Jahrhundert. So gut wie alle Menschen waren davon überzeugt, dass die Sonne um die Erde kreist und nicht umgekehrt. Der Blick in den Himmel bei Tag und bei Nacht schien diese Auffassung zu bestätigen. Die Sonne geht am Morgen auf und am Abend unter, der Mond geht auf und wieder unter, die Gestirne kreisen, alles kreist um die als ruhend gedachte Erde im Mittelpunkt. Das entsprach der kirchlichen Lehrmeinung und einem christlichen Weltbild, nach dem Gott alles so eingerichtet hat, dass es dem Menschen dienlich ist. Diese Überzeugung stützte sich also auf Erfahrungen, den Blick in den Himmel also, und auf Autoritäten. Die Überzeugung war in diesem Sinne wohlbegründet. Ein Zweifel an dieser Überzeugung schien unbegründet, unvernünftig zu sein. Die sogenannte kopernikanische Revolution des Weltbildes bestand gerade darin, dass nun die Sonne im Mittelpunkt steht und die Erde einer ihrer Planeten ist, die die Sonne umkreisen. Siebenschlaue wenden hier ein, dass ja weder das eine noch das andere richtig ist, dass vielmehr Sonne und Erde sich umeinander drehen, das heißt genauer gesagt um den Schwerpunkt, der allerdings ziemlich nah am Sonnenmittelpunkt liegt. Das hilft jedoch nicht, diese Revolution kleinzureden. Das, was feste Überzeugung war, nämlich dass die Erde im Mittelpunkt des Universums steht, Sonne, Mond und Gestirne sich um diesen Mittelpunkt drehen und der Mensch über die Erde herrscht, wird durch den Wechsel zum heliozentrischen Weltbild erschüttert.

Dieses Beispiel macht den engen Zusammenhang zwischen dem Wahrheits- und dem Wissensbegriff deutlich. Obwohl die Überzeugung, dass die Erde im Mittelpunkt steht und sich die Gestirne um diesen Mittelpunkt drehen, wohlbegründet war, war sie falsch, und damit kann man nicht mehr sagen, dass der Astronom des 14. Jahrhunderts wusste, dass sich die Sonne um die Erde dreht. Er war davon überzeugt, und er hatte für diese Überzeugung gute Gründe, aber da diese Überzeugung falsch war, handelt es sich nicht um Wissen. Da sich die physikalische Theorie, die wir zur

Erklärung des Phänomens heranziehen, dass sich die Erde wie die anderen Planeten um die Sonne dreht, gut bewährt hat, hilft uns die Physik, also die Wissenschaft, in dieser Frage ein hohes Maß an Gewissheit zu erlangen, auch wenn die präzise physikalische Beschreibung der Sachlage natürlich viel komplexer ist. Die beliebte Formulierung, was einmal Wissen war, wird zum Irrtum, ist also streng genommen Unsinn. Wenn etwas einmal Wissen war, dann bleibt es Wissen. Man kann allenfalls sagen: Was einmal als Wissen galt, stellt sich schließlich als Irrtum heraus.

Wissen ist, wenn man von etwas überzeugt ist, das wahr ist, und ich außerdem gute Gründe für diese Überzeugung habe.

Gründe und Wahrheit

Halten wir fest: Wenn etwas gewusst wird, dann ist es wahr. Wenn x weiß, dass p, dann ist p wahr. Aber nicht immer, wenn x eine wahre Überzeugung hat, handelt es sich um Wissen. Wenn Hans von seiner Tochter am ersten Schultag gefragt wird: Wie viele Kinder sind in meiner Klasse? Und Hans antwortet: 27, dann wusste Hans nicht, wie viele Kinder in der Klasse sind, auch dann, wenn die Klasse tatsächlich 27 Kinder umfasst. In diesem Fall hat er geraten, und das Geratene stellt sich als richtig heraus. Es war nicht einmal eine Vermutung, denn für Vermutungen gibt es Gründe. Für die Anzahl von 27 Kindern gibt es keine Gründe, die Hans angeben könnte. Wissen setzt Wahrheit voraus, Wahrheit ist aber nicht ausreichend für Wissen.

Damit wir ein Wissen zuschreiben, damit wir sagen können, Hans wisse, dass p, ist es erforderlich, dass p nicht nur wahr ist, sondern dass Hans auch gute Gründe hat, die für p sprechen. Andernfalls wäre die Überzeugung, dass p der Fall ist, unbegründet, und schon deswegen, weil diese Überzeugung unbegründet ist, handelt es sich nicht um Wissen, auch wenn p wahr sein sollte.

Wir scheinen also zum gleichen Ergebnis zu kommen wie Platon im Theaitetos-Dialog: Wissen ist eine wahre und zugleich wohlbegründete Meinung. Nicht jede wahre Meinung ist Wissen, da nicht jede wahre Meinung wohlbegründet ist. Allerdings endet der Theaitetos-Dialog mit dem rätselhaften Hinweis, dass wir uns auch mit diesem Ergebnis nicht zufriedengeben können. Anhand des Schiffsbeispiels, das wir im Gespräch mit den Kindern ausgeführt haben, kann man sehen, dass epistemische Rationalität und Wahrheit noch nicht Wissen garantieren. Ich habe einen guten Grund, anzunehmen, dass das Schiff pünktlich ankommt, das ist die epistemische Rationalität. Das Schiff kommt tatsächlich pünktlich an, meine Annahme ist also wahr, dennoch zeigt sich im Nachhinein, dass ich in dieser Situation, entgegen dem Anschein, nicht wissen konnte, dass das Schiff pünktlich ankommt. Die von Paul Gettier aufgeworfene Problematik zeigt, dass der Wissensbegriff nicht nur objektive Wahrheit voraussetzt, sondern überdies objektiv gute Gründe. Die Wahrnehmung des Schiffs war ein subjektiv, aber kein objektiv guter Grund, da es sich um ein falsches Schiff handelte.

Es gibt, wie gewöhnlich in der Philosophie, ganz unterschiedliche philosophische Positionen zu dieser Problematik. Prominent ist zum Beispiel die kausale Theorie, der entsprechend es auf die richtige kausale Relation zwischen der Tatsache, die ein Grund ist für eine Person, und der Überzeugung ankommt. Im Schiffsbeispiel ist diese kausale Relation nicht gegeben. Es besteht kein kausaler Zusammenhang zwischen dem Schiff, das nachher anlegt, und der Überzeugung, dass es anlegen wird. Ich mache mir diese erkenntnistheoretische Position schon deshalb nicht zu eigen, weil der Prozess der Meinungsbildung im Ganzen kein kausaler ist. Dies hängt vor allem damit zusammen, dass Gründe eine logische und keine kausale Rolle spielen. Wir wägen Gründe gegeneinander ab, und es steht nicht von vornherein fest, welches Ergebnis diese Abwägung haben wird. Wären Gründe lediglich Teil einer Kausalbeziehung, stünde schon vor ihrer Abwägung fest, was wir an ihrem Ende glauben oder tun. Wären Gründe lediglich Elemente eines kausalen Prozesses, müssten sie sich auch vollständig mit den Mitteln der Naturwissenschaften beschreiben lassen, denn es ist der Anspruch der Naturwissenschaften, kausale Prozesse vollständig beschreiben und erklären zu können. Tatsächlich sind jedoch alle Versuche, Gründe auf Ursachen zurückzuführen, bislang gescheitert. Lassen wir dieses philosophische Rätsel einmal auf sich beruhen. Zunächst gilt: Wissen ist wahre und zugleich wohlbegründete Meinung. Nicht immer reichen, wie Paul Gettier gezeigt hat, die beiden Bedingungen, (1) wahr zu sein und (2) wohlbegründet zu sein, aus. Jedenfalls dann nicht, wenn wir das »wohlbegründet« aus der Perspektive der Person und nicht von einem externen, objektiven Standpunkt aus beurteilen.

»Na ja, aber er hat ja nicht gesagt,
dass er nicht im Kühlschrank ist,
also hat er ja nicht so richtig gelogen.«

Wahrhaftigkeit

Die Regel der Wahrhaftigkeit verlangt von uns, dass wir nur das behaupten, von dem wir selbst überzeugt sind. Ich bin wahrhaftig, wenn ich das sage, was ich selbst glaube. Eine Äußerung kann daher wahrhaftig sein, ohne wahr zu sein. Irrtum kommt vor. Wenn ein Kind glaubt, dass es keine Hausaufgaben zu machen hat, und dies mitteilt, dann ist es wahrhaftig, auch wenn es sich geirrt hat und tatsächlich Hausaufgaben zu erledigen sind. Wahrhaftigkeit einer Äußerung impliziert nicht ihre Wahrheit. Die Wahrheit einer Äußerung impliziert nicht, dass sie ein Wissen zum Ausdruck bringt.

Wenn ich mich in einer bestimmten Frage nicht irre, dann allerdings impliziert eine unwahre Aussage, dass ich unwahrhaftig bin. Angenommen nun, ich irre nicht und sage die Wahrheit, bin ich dann auch wahrhaftig? Das folgende Beispiel zeigt, dass dies nicht notwendigerweise der Fall ist.

Angenommen, Sie fragen Ihr Kind, wo die Schultasche ist, und es antwortet: Sie hängt in der Garderobe oder sie liegt im Wohnzimmer. Angenommen, es wusste, dass die Schultasche im Wohnzimmer liegt, das heißt, es irrte sich nicht hinsichtlich der Frage, wo sich die Schultasche befindet. Die Schultasche liegt im Wohnzimmer. Wenn die Schultasche im Wohnzimmer liegt, dann ist allerdings die Aussage: Sie hängt in der Garderobe oder sie liegt im Wohnzimmer –

wahr. Oder-Aussagen, das, was in der Logik als »Adjunktion« bezeichnet wird, sind wahr, wenn (mindestens) einer ihrer Gliedsätze wahr ist. Die Aussage ist also wahr. Sie werden allerdings aufgrund ihrer Äußerung vermuten, dass Ihr Kind nicht weiß, ob sich die Schultasche im Wohnzimmer oder in der Garderobe befindet. Insofern hat das Kind den Adressaten mit seiner Äußerung irregeführt. Wenn es wusste, dass Sie aufgrund dieser Aussage annehmen würden, dass Ihr Kind nicht wüsste, wo sich die Schultasche genau befindet, dann war die Äußerung des Kindes unwahrhaftig, obwohl wahr. Man kann mit wahren Äußerungen lügen, denn »Unwahrhaftigkeit« und »Lüge« meint dasselbe, auch wenn möglicherweise die Verwendung des Ausdrucks »Lüge« eine stärkere moralische Verurteilung zum Ausdruck bringt als lediglich »Unwahrhaftigkeit«. Lügen bedeutet also zunächst, etwas zu sagen, von dem ich weiß, dass es falsch ist, und zugleich annehme, dass es mir geglaubt wird. Lügen heißt wissentlich eine falsche Überzeugung hervorzurufen oder wenigstens zu beabsichtigen, eine falsche Überzeugung hervorzurufen. In diesem Sinne kann man mit der Wahrheit lügen. Wenn eine Person etwas sagt, das wahr ist, und davon überzeugt ist, dass es wahr ist, aber zugleich annimmt, dass diese Äußerung eine Überzeugung hervorrufen wird, die falsch ist, dann ist sie unwahrhaftig, dann lügt sie, obwohl sie die Wahrheit sagt.

»Na ja, jeder weiß ja, dass er nicht der Froschkönig ist …«

Lügen aus Konvention und Selbstschutz

Ein Schauspieler, der auf der Bühne sagt: Ich bin König Lear! – lügt nicht, obwohl er weiß, dass das falsch ist, weil er nicht davon ausgehen muss, dass die Adressaten dieser Äußerung, das heißt die Zuschauer im Theater, glauben, dass das wahr ist. Es gehört zur Konvention des Theaters, Fiktionen zu erzeugen. Dies gilt ebenso für Kinder, die, wie unser Gespräch deutlich werden lässt, durchaus unterscheiden können zwischen Lügen und falschen Aussagen, die vor konventionellem Hintergrund, in diesem Fall dem Theater, gemacht werden.

Aber auch das Kind, das, nach seinem Befinden befragt, antwortet: »Ach, ganz gut« – lügt nicht, auch wenn es ihm schlecht geht und es weiß, dass es ihm schlecht geht, weil es aufgrund einer Höflichkeitskonvention davon ausgehen kann, dass eine solche Mitteilung nicht wörtlich genommen wird. Ja, möglicherweise wäre es sogar unhöflich, den wahren Seelenzustand zu offenbaren, da das die fragende Person mit Informationen konfrontierte, mit denen sie nur schlecht umgehen kann, und bei denen sie unsicher ist, ob sie nun Mitleid zeigen soll, ihre Hilfsbereitschaft anbieten etc. Die in den Medien immer einmal wieder auftauchende These, Erwachsene würden täglich zweihundert Mal lügen, beruht auf einer begrifflichen Konfusion. Diese hohen Zahlen können nur zustande kommen, wenn man einbezieht, was im Amerikanischen ganz treffend *white lies,* weiße Lügen, genannt wird, also Äußerungen, deren Unwahrheiten nicht als Lügen gelten, da sie einer Konvention entsprechen. Auch das Recht akzeptiert diese weißen Lügen. So darf man in Vorstellungsgesprächen lügen, wenn man nach persönlichen Lebensumständen gefragt wird, die in einem solchen Einstellungsgespräch keine Rolle spielen dürfen. Hier die Antwort zu verweigern oder gar die Wahrheit zu sagen, könnte die eigene Position schädigen.

Viele Eltern wünschen sich Kinder, die ihnen gegenüber nie lügen. Das ist verständlich, denn das enge Vertrauensverhältnis wird durch Lügen immer belastet. Aber Eltern sollten wissen, dass Kinder ihre Rolle in der Welt auch dadurch einzuschätzen lernen, dass sie anderen ein Bild von sich vermitteln, wie sie es gerne möchten. Ja, manche Kinderpsychologen sind davon überzeugt, dass Kinder, die nie versuchen zu täuschen, die nie lügen, eine problematische Entwicklung nehmen. Kinder müssen lernen, zwischen »weißen« und »schwarzen« Lügen zu unterschieden, zwischen Täuschungen, die akzeptabel sind, weil der Adressat nicht unbedingt davon ausgeht, dass ihm die Wahrheit mitgeteilt wird, Täuschungen, die akzeptabel sind, um die eigenen Privatsphäre zu schützen, zum Beispiel das Tagebuchschreiben bei Heranwachsenden, Täuschungen, die das Allerheiligste, zum Beispiel eine Verliebtheit, gegenüber Interventionen von Eltern oder anderen Jugendlichen schützen, und Lügen, die andere schädigen, zum Beispiel durch üble Nachrede, oder die eigene Integrität gefährden, zum Beispiel die Verheimlichung von Misshandlungen durch Erwachsene.

Die voll entwickelte, moralische Persönlichkeit sagt nicht immer die Wahrheit. Menschen, die immer die Wahrheit sagen, sind im sozialen Umgang unerträglich. Das Mittel der Wahl ist in der Regel nicht lügen, sondern schweigen. Bei der richtigen Gelegenheit zu schweigen, muss ebenfalls gelernt sein. Die Wahrung der eigenen Integrität, die Entwicklung einer vertrauenswürdigen und verlässlichen, einer wahrhaftigen Persönlichkeit folgt nicht dem simplen Kriterium: Sage immer die Wahrheit, teile deine Überzeugungen jedem mit! Es ist Zeichen von Distanzlosigkeit, die eigenen Überzeugungen ungefragt anderen mitzuteilen. In manchen Fällen ist eine angemessene Distanz nur dadurch zu wahren, dass man nicht die Wahrheit sagt und doch seine moralische Integrität wahrt. Es scheint mit eines der wichtigsten Erziehungsziele zu sein, Kindern und Jugendlichen diese Feinheiten des Umgangs mit der Realität und den eigenen Überzeugungen nahezubringen, sie urteilsfähig zu machen. Die philosophische Analyse kann dabei schon in frühen Jahren helfen.

3.
Freiheit und Verantwortung oder:
Warum wir nicht alles dürfen, was wir wollen

Heute sind wir in der Oberföhringer Volksschule, einer anderen Münchner Grundschule. Wir werden von der Redakteurin Frau Rohm in das Untergeschoss geleitet, in dem sich zwei Klassen versammelt haben, eine erste Klasse und eine vierte. Die Kinder sitzen hier, anders als in der Gebeleschule, im Kreis.

Wie ist das? Dürfen wir alles tun, was wir wollen?

Sofort gehen ein paar Kinderhände in die Höhe.

»Nein, das dürfen wir nicht!«, sagt ein Mädchen mit kurzen blonden Haaren.

Und warum nicht?

»Weil man blöde Sachen machen will«, sagt ein kleiner Junge mit einer roten Kappe vorschnell und fügt dann leiser hinzu, »also nur manchmal halt …«

Was denn für Sachen?

»Na ja, Klingelstreiche oder so was.«

»Oder Fenster einschlagen!«, sagt ein Mädchen mit kurzen schwarzen Haaren. »Das dürfen wir auch nicht«, dann senkt sie die Augen. »Das ist mir nämlich mal passiert, da hab ich mit meinem Bruder Fußball gespielt und das Fenster von der Frau Grashuber eingeschmissen, aber ich hab's nicht absichtlich gemacht.«

Warum dürfen wir eigentlich keine Fenster einschlagen?

Die Klasse murmelt empört.

»Das geht doch nicht. Die Fenster gehören doch jemandem, und das, was einem anderen gehört, kann ich nicht einfach so kaputtmachen.«

S. 87

Wir dürfen also nicht alles tun, was wir wollen, wenn wir damit zum Beispiel das Eigentum anderer Menschen beschädigen.

»Außerdem ist es verboten«, sagt ein Junge mit einem grünen Hulk-T-Shirt, »da kann man ins Gefängnis kommen.«

»Also, ich hab mal einen Klingelstreich gemacht«, meldet sich ein Mädchen mit einem langen braunen Zopf, »und dann hat mir das nachher total leidgetan. Ich glaube, man fühlt sich selber nicht so gut, wenn man mit Absicht ein Fenster einschlägt.«

»Genau«, pflichtet ihr Nachbar, ein kleiner Junge mit kurz geschnittenen Haaren und einer Augenklappe, bei, »wenn jemand einem anderen das Auto klaut oder so, der kann doch nachts bestimmt nicht schlafen. Der liegt dann da und macht sich Vorwürfe.«

Die Kinder nicken nachdenklich, vielleicht stellen sie sich vor, wie ein Dieb nachts im Bett liegt und Gewissensbisse hat.

Wir sollten also manches nicht tun, was wir gerne tun würden, weil wir sonst Gewissensbisse bekämen?

»Nicht nur deswegen, sondern eigentlich, weil es verboten ist!«, ruft ein Junge energisch dazwischen.

Reicht es, dass etwas verboten ist? Dürfen wir nur das tun, was nicht verboten ist?

Die Kinder denken nach. Dann meldet sich ein Junge mit blonden Haaren.

»Also, Kinder schlagen ist, glaube ich, nicht verboten, aber man darf es trotzdem nicht.«

Und warum nicht?

»Na ja, weil es gemein ist. Ein Erwachsener hat ja viel mehr Kraft als ein Kind, und der kann dem Kind dann voll wehtun!«

»Und Klingelstreiche sind blöd, weil sich die Omas vielleicht ganz schrecklich angestrengt haben, um die Treppe herunterzugehen, und dann sind sie unten an der Haustür und es ist niemand da. Und sie sind vielleicht auch enttäuscht, weil sie sich auf einen Besuch gefreut hatten und so«, sagt ein kleines chinesisches Mädchen mit langen schwarzen Haaren.

»Außerdem können sie dann auch auf der Treppe hinfallen und sich wehtun!«, fügt ihre Nachbarin hinzu.

Das sind alles sehr gute Beispiele, aber wenn man einen Grund formulieren müsste, warum man bestimmte Dinge nicht machen darf, einen Grund, der für alle Beispiele gleichermaßen genannt werden könnte, was würde man sagen?

S. 75

Die Kinder werden unruhig und rutschen auf ihren Stühlen herum. Dann meldet sich das chinesische Mädchen mit den langen schwarzen Haaren: »Man darf nie Sachen tun, die den Leuten wehtun!«

Ich denke, das ist eine gute Formel: Man sollte Menschen nach Möglichkeit kein Leid zufügen. Gibt es vielleicht Verhaltensweisen, mit denen man niemandem direkt schadet und die auch nicht verboten sind, aber die man trotzdem nicht tun sollte?

ALL YOU CAN ~~EAT~~ HAVE

Die Kinder denken nach, dann meldet sich ein Mädchen mit einer Wollmütze auf dem Kopf.

»Ich darf zum Beispiel nicht über die Straße gehen, ohne vorher genau zu schauen, ob ein Auto kommt. Wenn ich das trotzdem mache, und ein Auto kommt und fährt über meinen Fuß, dann habe ich zwar dem Autofahrer nicht wehgetan, aber mir selber!«

Sehr gut, man sollte also auch darauf achten, sich selbst nicht wehzutun. Gibt es noch andere Beispiele?

»Man sollte nicht so viel Zucker essen, weil man davon dick und krank wird!«, sagt ein schmales Mädchen, das so aussieht, als könne es ruhig etwas Zucker vertragen.

»Oder ganz viel bei McDonald's essen. Das ist schlecht für den Körper!«, sagt ein dunkelhaariger Junge.

»Oder das Gengemüse, also der Mais, der aus der Genfabrik kommt!«, sagt ein kleines Mädchen aufgeregt.

Könnten wir also hinzufügen, dass man manche Dinge nicht tun sollte, auch wenn sie nicht verboten sind, weil wir uns damit selbst schaden?

S. 72

»Ja, so kann man das sagen«, meinen die Kinder.

Was haltet ihr denn von Folgendem: Eine Mama mag die Freundin ihrer Tochter nicht. Deshalb redet sie eines Nachmittags heimlich mit diesem Mädchen und sagt ihr, dass ihre Tochter immer lügt und klaut, damit die Freundin nicht mehr mit ihr spielen will. Jetzt frage ich euch: Darf die Mutter das?

Sofort gehen viele Hände in die Luft.

»Das wäre total gemein. Und außerdem dürfen die Menschen nicht lügen!«, sagt ein kleiner rothaariger Junge mit vielen Sommersprossen.

»Und eigentlich ist es doch ihre Freundin, und man darf doch spielen, mit wem man will!«, sagt ein blondes Mädchen empört. S. 80

Also würdet ihr sagen, dass jeder die Pflicht hat, dafür zu sorgen, die Erfüllung der Wünsche anderer nicht zu behindern?

Die Kinder nicken entschieden. Dann meldet sich der kleine Junge mit der Augenklappe.

»Außer die Freundin ist wirklich total blöd und es ist der einzige Weg für die Mama, dass sie nicht mehr zusammenspielen. Dann ist es vielleicht okay.«

»Ich finde es trotzdem nicht okay«, sagt der rothaarige Junge. »Das darf die Mama einfach nicht machen.«

Was haltet ihr davon: Man darf andere nicht daran hindern, ihren Wünschen nachzukommen, außer es gibt einen triftigen Grund dafür.

Die Kinder stimmen zu.

Nehmen wir einmal an, es gibt eine Mama, die ziemlich dick ist, und ihr Mann findet, dass ihr Übergewicht ihrer Gesundheit schadet. Also beginnt er, ihr das Essen wegzunehmen und die Schokolade zu verstecken. Darf er das? Was würdet ihr sagen?

»Also wenn sie wirklich dick ist, so richtig dick, dann darf der das schon!«, sagt ein Junge, der selber nicht gerade schlank ist.

»Nee«, sagt seine Nachbarin empört, »wenn du erwachsen bist, darf dir niemand was wegnehmen!«

S. 76

»Genau«, pflichtet ihr ein anderer Junge bei, »das muss sie dann schon selbst wissen, ob sie dick bleiben will oder nicht.«

Und wie ist das, wenn die gleiche Frau sagt, okay, ich sehe ein, dass ich zu dick bin, und will abnehmen, deshalb kette ich mich an das Sofa im Wohnzimmer und werfe den Schlüssel aus dem Fenster, weil ich dann nicht mehr an den Kühlschrank komme.

»Das ist aber krass!«, sagt ein Junge in einem froschgrünen T-Shirt und pfeift.

S. 82

»Das ist total doof«, meint ein blasses Mädchen, das ein kariertes Hemd trägt, »ich meine, was ist, wenn sie verhungert? Ich finde, das darf sie nicht machen!«

Die anderen Kinder pflichten ihr bei. Eine Frau, die sich freiwillig ans Sofa kettet, nur um abzunehmen, muss vor sich selbst beschützt werden.

Hier ist noch ein anderes Beispiel: Sagen wir, ihr versprecht einem Freund, am nächsten Samstag um elf Uhr zu Besuch zu kommen. Dann ist der Samstag da, und ihr habt gar keine Lust mehr, weil ihr lieber zu Hause Gameboy spielen möchtet, und ihr entscheidet euch, nicht zu eurem Freund zu gehen. Dürft ihr das?

»Nee, das ist doch überhaupt nicht nett!«, sagt ein Mädchen mit dunkelblonden Zöpfen, »weil der Freund doch dann niemand anderen zum Spielen hat.«

»Man kann aber auch anrufen!«, sagt ein dunkelhaariger Junge.

Nehmen wir an, der Junge hat kein Telefon, und nehmen wir ebenfalls an, dass es ihm nicht so viel ausmachen würde, wenn er am Samstag allein bleibt, weil er ohnehin ganz gerne Fernsehen schauen würde. Wäre es dann okay, einfach nicht zu kommen?

Die Kinder denken nach. Das ist keine leichte Frage.

»Na ja, wenn man immer sagt, dass man kommt, und dann kommt man nicht, dann glauben die Leute einem irgendwann nicht mehr. Und das ist auch blöd!«, sagt der Junge mit dem Hulk-T-Shirt.

Reicht das als Grund? Sollte man nur dann ein Versprechen nicht halten, wenn man sicher sein kann, dass man keinen Schaden davontragen wird?

Die Kinder sind unsicher.

Wer sagt Ja, das reicht als Grund?

Etwa die Hälfte der Kinder hebt einen Arm.

Und wer sagt Nein, das reicht nicht?

Die andere Hälfte der Kinder meldet sich.

»Ich habe einmal meiner Oma gesagt, dass ich zu ihr gehe,

S. 85

und dann hatte ich plötzlich keine Lust mehr. Aber dann bekam ich irgendwie so ein schlechtes Gefühl …«, sagt ein Mädchen.

Vielleicht ist ein Versprechen zu geben für sich genommen ein guter Grund, es einzuhalten? Wie ist es denn, wenn eure Lehrerin morgen nicht um Punkt acht Uhr in der Klasse auf euch wartet, sondern einfach eine halbe Stunde später kommt, und am übernächsten Tag eine ganze Stunde später?

Die Kinder lachen.

»Das darf sie doch gar nicht!«, sagt ein kleiner Junge mit empörter Miene.

Und warum nicht?

»Na ja, sie ist doch unsere Betreuerin!«, sagt der Junge und zieht dabei die einzelnen Silben betont in die Länge.

Gut, sie könnte möglicherweise den Kindern damit schaden, die in der Zeit Unsinn machen oder sich wehtun. Aber gibt es noch andere Argumente?

»Sie kann sich auch selbst schaden. Wenn die Rektorin das herausfindet, schmeißt sie unsere Lehrerin vielleicht raus, und dann ist sie arbeitslos und hat nichts zum Essen.«

Einige Kinder grinsen beim Gedanken, eine hungernde Lehrerin vor sich zu haben.

»Also, eine Lehrerin muss pünktlich sein, weil es ihre Pflicht ist!«, sagt ein Mädchen mit einem Pagenkopf.

Wir haben hier ein ähnliches Problem wie eben in unserem Beispiel mit der Verabredung: Soll die Lehrerin nun pünktlich sein, weil das ihre Pflicht ist, oder weil sie sonst befürchten muss, ihre Arbeit zu verlieren?

Die Kinder sind unschlüssig.

Ich gebe euch ein anderes Beispiel: Was ist mit den Eltern? Dürfen die sagen: Ich habe mich sechs Jahre um die Erziehung von meinem Sohn gekümmert, jetzt reicht es mir, er kommt in ein Heim?

Die Kinder schütteln heftig mit dem Kopf.

»Das hätten sich die Eltern schon vorher überlegen müssen!«, sagt das Mädchen mit dem Pagenkopf streng.

Aber warum? In diesem Fall haben die Eltern ihren Kindern ja schließlich auch kein Versprechen gegeben.

»Ja, aber sie können sie trotzdem nicht weggeben. Das tut man einfach nicht, wenn man eine Mama oder ein Papa ist!«

Können wir also sagen, dass mit bestimmten Rollen auch bestimmte Pflichten auf uns zukommen? Wer ein Lehrer ist, ist verpflichtet, das zu tun, was von einem Lehrer erwartet wird. Und wer eine Mutter oder ein Vater ist und diese Rolle übernommen hat, muss sich als Mutter oder Vater verhalten, also seine Verantwortung gegenüber dem Kind wahrnehmen. S. 83

Die Kinder nicken.

»Also, meine Klavierlehrerin, die muss ihre Rolle auch anständig spielen. Die kann mir nicht einfach Trompete oder so beibringen!«, sagt ein kleiner Junge mit blonden Locken.

»Genau! Und die Deutschlehrerin nicht einfach Russisch!«

»Und die Sportlehrerin nicht einfach Skifahren!«

»Schade eigentlich!«

Die Kinder lachen. Dann ist der Gong zu hören. Die Kinder haben genau eine Dreiviertelstunde philosophiert. Guter Laune verlassen sie den Raum und gehen in ihre Klassen. Im Gang gibt es eine Diskussion darüber, ob alle Räuber nachts wach liegen und ein schlechtes Gewissen haben oder nicht.

Freiheit und Verantwortung

Dieses Thema kann man so auffassen, dass die gesamte ethische Frage in ihm enthalten ist. Nicht nur Kinder sind mit der Problematik konfrontiert, manchmal etwas tun zu wollen, was sie nicht tun sollten oder nicht tun dürfen. Wir haben Wünsche, von denen wir meinen, dass wir sie nicht erfüllen sollten. Es gibt ganz unterschiedliche Gründe für eine solche moralische Überzeugung. Wenn man all die Gründe, die dagegen sprechen, etwas zu unterlassen, was man gerne täte, zusammentrüge, dann könnte die Grundfrage aller Ethik als gelöst angesehen werden. Tatsächlich gehen in der Philosophie jedoch die Meinungen sehr weit auseinander, was als ein guter Grund aufgefasst werden kann, etwas zu unterlassen, obwohl man es sich wünscht. Ja, es gibt sogar eine starke Position in der zeitgenössischen Philosophie, nach der es streng genommen gar nicht möglich ist, entgegen eigener Wünsche zu handeln. Wir beginnen mit dieser philosophischen Grundproblematik.

Rationalität, so meinte David Hume und mit ihm viele seiner Anhänger, besteht darin, die geeigneten Mittel zu wählen, um sich die eigenen Wünsche zu erfüllen. Wünsche hat man oder man hat sie nicht. In letzter Instanz sind diese gegeben und nicht Gegenstand einer rationalen Kritik. Ein berühmtes Zitat von David Hume belegt die Radikalität dieser Position: »It is not irrational to prefer the distruction of the whole world to the scratching of my finger.« Es ist nicht irrational, die Zerstörung der ganzen Welt einer kleinen Verletzung meines Fingers vorzuziehen. David Hume und seine heutigen Anhänger, die möglicherweise nach wie vor die internationale Philosophie dominieren, fühlen sich zu dieser radikalen Position gezwungen, weil sie meinen, dass es keine Möglichkeit gibt, Wünsche in rationaler Weise zu kritisieren. Woher sollte man die Kriterien einer Wunschkritik nehmen? Das Moralische, das Wertende, ist subjektiv. Eine Wissenschaft der Moral im Sinne einer wertenden Stellungnahme gibt es nicht. Wünsche sind subjektiv, und eine Kritik an Wünschen ist ebenfalls subjektiv. Objektiv können wir lediglich bestimmte Fakten feststellen. Theorien, die sich auf Fakten beziehen, können gerechtfertigt oder widerlegt werden. Theorien haben eine Instanz, an der sie sich bewähren können, nämlich die Welt der Fakten. Für moralische Theorien gibt es nur unsere Gefühle, also etwas Subjektives.

Wenn ich den Wunsch habe, morgen Früh mit der Familie in den Urlaub zu fahren, dann wäre es irrational, keinerlei Vorbereitungen zu beginnen. Mein Wunsch würde sich morgen mangels Vorbereitung nicht erfüllen. Könnte man nicht sagen, der Wunsch, heute mit Freunden grillen zu gehen, ist irrational, gegeben das Ziel, morgen in aller Früh in den Urlaub aufzubrechen? Ein Humeaner würde versuchen, mit dieser Problematik in folgender Weise umzugehen: Ich habe offenbar zwei Wünsche: Einen Wunsch, morgen mit der Familie in den Urlaub zu fahren, und einen anderen Wunsch, heute mit Freunden zum Grillen zu gehen. Beide Wünsche lassen sich auch nach meiner eigenen festen Überzeugung zugleich nicht erfüllen. Im Hinblick auf den Wunsch, morgen mit der Familie in den Urlaub zu fahren, ist der Wunsch, heute mit Freunden zum Grillen zu gehen, irrational. Wenn ich den einen Wunsch erfülle, kann ich den anderen nicht erfüllen. Das gilt allerdings ebenso in der Umkehrung. Welcher Wunsch für mich ausschlaggebend ist, kann mir aber keine Ethik sagen, das ist Sache meiner eigenen Bewertung oder Entscheidung oder der Entwicklung meiner Gefühlslage.

Wenn der Wunsch heute Nachmittag so übermächtig ist, dass der andere Wunsch, nämlich morgen in den Urlaub zu fahren, in den Hintergrund gedrängt wird, dann lässt sich rational allenfalls beurteilen, welche Handlungen dieser Wunschsituation angemessen sind. Die Entscheidungen und Handlungen sollten als Mittel zum Zwecke der Wunscherfüllung gesehen werden. Über Rationalität und Irrationalität entscheiden die Wünsche der handelnden Person. Natürlich spielt auch eine Rolle, was die Person weiß. Vielleicht weiß sie nicht, wie aufwendig die Vorbereitungen für den Aufbruch in den Urlaub sein werden oder wie viele Stunden sich ein solcher Grillabend in der Regel hinzieht. Dann wählt sie nicht die geeigneten Mittel zur Erfüllung ihrer Wünsche. Ihr fehlt dazu das notwendige Wissen.

Die zeitgenössische Entscheidungstheorie hat dieses subjektivistische Verständnis von Rationalität in zwei Begriffe gefasst. Das ist einmal der Begriff des Nutzens. Nach modernem Verständnis ist der Nutzen einer Person nichts anderes als die Erfüllung ihrer Präferenzen. Das, was in der Entscheidungstheorie als Nutzenfunktion bezeichnet wird, repräsentiert die Präferenzen der betreffenden Person. Vorausgesetzt wird dabei, dass diese Präferenzen in sich stimmig sind. Diese Stimmigkeit wird in der Entscheidungstheorie in Gestalt von Postulaten, von Forderungen, erfasst. Ein Postulat ist etwa das der Transitivität: Wenn eine Person A gegenüber B vorzieht und B gegenüber C vorzieht, dann zieht sie auch A gegenüber C vor. Im gewissen Sinne ist das auch eine Forderung der Rationalität. Wir könnten sagen, eine Person ist irrational, wenn sie A gegenüber B vorzieht und B gegenüber C vorzieht, aber dann C gegenüber A vorzieht. Sie verletzt die Transitivitätsbedingungen der Rationalität. Solche und ähnliche fundamentale Bedingungen der inneren Stimmungen oder der Konsistenz oder, wie ich es vorziehe, zu benennen, der Kohärenz, reichen aus, um sicherzustellen, dass die Präferenzen einer Person sich in einer Nutzenfunktion zusammenfassen lassen. Eine solche Funktion ordnet jeder Handlungskonsequenz einen Zahlenwert zu. Dieser Zahlenwert wird dann als der subjektive Nutzen der Person interpretiert. Subjektiv deswegen, weil sich dieser Nutzen ausschließlich aus den Präferenzen dieser Person ableitet. Es geht nicht um Zufriedenheit oder Glück oder die Lust-Leid-Bilanz, von der klassische Utilitaristen wie Jeremy Bentham oder John Stuart Mill sprachen. Rationalität kann man demnach als die optimale Erfüllung eigener Wünsche fassen.

Entsprechend scheint es einen Konflikt zwischen Rationalität und Moralität zu geben. Nicht alle unsere Wunscherfüllungen sind – moralisch – erlaubt. Im Gegensatz zu antiken Denkern, die davon überzeugt waren, dass das eigene Wohl und das, was man tun sollte, normalerweise nicht divergieren, beruht ein Großteil der modernen praktischen Philosophie, seit der europäischen Aufklärung, auf diesem Gegensatz von Eigeninteresse und Moral, von Rationalität und Ethik.

Freiheit und Verantwortung

Manchmal wünschen wir etwas, was unseren eigenen Interessen schadet. Das kleine Kind wünscht den Ball, der ihm entglitten ist, möglichst rasch wieder an sich zu nehmen, läuft unüberlegt auf die Straße und gefährdet sich dadurch selbst. Zweifellos wünscht das Kind in diesem Augenblick, den Ball zu greifen, und tut das, was diesem Ziel dienlich ist, nämlich rasch hinterherzulaufen. Dem Kind ist möglicherweise nicht bewusst, dass es sich damit in Gefahr bringt. Es ist in seinem eigenen Interesse, sich nicht in Gefahr zu bringen. Es ist auch im Interesse vieler anderer, dass es sich nicht in Gefahr bringt. Es darf nicht auf die Straße laufen, um den Ball möglichst rasch zu ergreifen, weil es sich damit in Gefahr brächte. Wir dürfen manchmal nicht das tun, was wir wollen, weil dies dem eigenen Interesse zuwiderlaufen würde, dem eigenen Interesse an der Bewahrung des eigenen Lebens und der eigenen Gesundheit. Umso weniger jemand seine eigenen Interessen richtig einschätzen kann, desto mehr ist er darauf angewiesen, dass andere ihn davor bewahren, sich selbst zu schädigen. Daher tragen die Eltern oder die Erziehungsberechtigten die Verantwortung für kleine Kinder. Mit steigender Verantwortungsfähigkeit wächst die Selbstständigkeit, die Eigenverantwortung. Die Autarkie im Wortsinne, der zentrale Wert der griechischen Klassik, muss sich erst entwickeln: die Fähigkeit, sich selbst zu regieren. Aber auch ein Kind, dass noch nicht in der Lage ist, sein eigenes Leben und Handeln zu bestimmen, weil es noch zu vieles will, was Schaden für das Kind oder andere nach sich zöge, ist Träger menschlicher Würde. Es ist nicht lediglich Objekt der Erziehung, sonder auch Subjekt. Die Erfahrung der Selbstwirksamkeit ist der Beginn der Persönlichkeitsbildung. Die Erziehungsberechtigten, die Eltern und Lehrer, verantwortliche Erwachsene, auch ältere Geschwister müssen zulassen, dass das heranwachsende Kind die Erfahrung der eigenen Wirksamkeit macht, dass es auch solche Handlungen vollzieht, die aus der Sicht der älteren Beobachter unvernünftig sind, dass es Erfahrungen macht mit der selbst verantworteten Praxis, allerdings in den Grenzen, die von der Möglichkeit der Selbst- und Fremdgefährdung gezogen sind.

Bei Kindern und Jugendlichen allerdings ist die Sachlage komplizierter. Sie brauchen die Erfahrung autonomen Handelns, können aber nicht die volle Verantwortung für ihr Tun übernehmen. Wie weit die Grenzen der Selbstverantwortlichkeit bei Kindern und Jugendlichen gesetzt sind, variiert von Kultur zu Kultur. Dennoch ist eine kulturrelativistische

Haltung, wonach es ausschließlich von der kulturellen Umgebung abhängt, was als richtig oder falsch gelten kann, unangemessen. Bestimmte Erziehungsmethoden behindern die Entwicklung zur eigenverantwortlichen Persönlichkeit. Der Einsatz von Gewalt als erzieherische Maßnahme erschüttert das Selbstwertgefühl von Kindern nachträglich und führt in vielen Fällen dazu, dass sie als Erwachsene selbst zur Gewalttätigkeit neigen. Die Fähigkeit zu praktischer Vernunft, die Aristoteles allen Menschen zuschrieb, muss gefördert und zur vollen Entfaltung gebracht werden. Eine autoritäre, manipulative und kaltherzige Erziehung steht dem im Wege. Ich-Stärke entwickelt sich nur, wenn in frühen Jahren selbstverantwortlich Erfahrungen gemacht werden und Kinder lernen, ihr eigenes Tun zu begründen und zu bewerten. Um diese Erfahrungen zu machen, um die eigene Persönlichkeit zu entwickeln, muss man Kindern einräumen, sehr viel zu dürfen von dem, was sie wollen, auch dann, wenn Zweifel bestehen, ob dies dem Wohl des Kindes im Einzelfall wirklich zuträglich ist. Eine Kontrolle des kindlichen Verhaltens, die jede Verletzung ängstlich ausschließt, würde die Entwicklung zu einer starken, selbstverantwortlichen Persönlichkeit behindern oder sogar unmöglich machen. Solche Erziehungsmethoden führen zu überängstlichen, unsicheren Kindern, die sich im späteren Leben schwertun, Herausforderungen zu bewältigen.

»Man darf nie Sachen tun, die den Leuten wehtun!«

Ander-Interessen

Die Wahrung eigener Interessen ist ein erster Grund, warum wir nicht alles dürfen, was wir wollen. Die Wahrung der Interessen anderer ist ein zweiter. In manchen Fällen führt das, was man in einem bestimmten Augenblick will, dazu, dass andere einen Schaden haben. Das allein ist ein Grund, diese Handlung zu unterlassen. Die Zufügung eines Schadens ist etwas Schlechtes, und daraus folgt eine Verpflichtung, Handlungen, die Schaden zufügen, zu unterlassen. Dieser ethische Grundsatz ist alt, er wurde von den Römern als Prinzip des *neminem laedere* – Füge niemandem Schaden zu! – formuliert. Diese Pflicht ist eine *prima-facie*-Pflicht, eine Pflicht, die sich unmittelbar aus der Tatsache ergibt, dass man jemandem Schaden zufügt, die aber durch andere gewichtigere Gründe aufgehoben werden kann.

Wenn ein Rettungsschwimmer der Wasserwacht am Nordseestrand sieht, wie ein Badegast von der Strömung ins Meer hinausgezogen wird, dann verschafft er sich, möglicherweise ohne viel Rücksicht auf Schrammen und Prellungen zu nehmen, den schnellstmöglichen Zugang zum Meer, auch wenn der Strand überfüllt sein sollte. Der eine oder andere Badegast wird dabei kleine Verletzungen davontragen, aber aufgeklärt, was der Grund dafür ist, Verständnis haben. Viele von uns nehmen am Straßenverkehr teil, obwohl die bloße Teilnahme eine gewisse Gefährdung anderer Verkehrsteilnehmer mit sich bringt. Im Recht spricht man hier von »allgemeiner Gefährdungshaftung«, die etwa dazu führt, dass auch derjenige Verkehrsteilnehmer, der sich regelkonform und korrekt verhält, bei Unfällen unter Umständen einen Anteil der Kosten übernimmt, der dieser allgemeinen Gefährdungshaftung entspricht. Jemanden zu schädigen ist nicht generell moralisch untersagt, aber nur gewichtige Gründe können dies rechtfertigen.

Das Verbot, andere zu schädigen, kann man ausweiten zu: Handle nicht gegen die Interessen anderer, außer es gibt dafür einen gewichtigen Grund! Damit ist allerdings die Frage aufgeworfen, was das jeweilige Interesse der anderen ist. Jeder hat ein Interesse an der Bewahrung seines Lebens und an seiner körperlichen Unversehrtheit, an der Bewahrung seines rechtmäßig erworbenen Eigentums, der Fortführung eigener Projekte, der Aufrechterhaltung eines autonomen Lebens.

»… das muss sie dann schon selbst wissen, ob sie dick bleiben will oder nicht.«

Respekt vor der Autonomie des anderen

Bislang haben wir von Interessen gesprochen, die berücksichtigt werden sollten, und von Schädigungen anderer, die zu vermeiden sind. Bei erwachsenen Menschen ist das moralische Verbot zu intervenieren jedoch viel umfassender. Illustrieren wir dies an folgendem Fall. Jemand ist starker Raucher, und der Arzt rät dringend davon ab, das Rauchen fortzusetzen. Die Person weiß, dass sie sich mit dem Rauchen schädigt. Rechtfertigt dies eine Intervention, die es dieser Person unmöglich macht, weiter zu rauchen? Man stelle sich etwa vor, die Raucherin ist mit ihrem Freund auf einer Skihütte, und der Freund nimmt ihr die mitgenommenen Zigaretten weg, um sie zu zwingen, mit dem Rauchen aufzuhören. Wenn dies nicht die ausdrückliche Zustimmung der Raucherin findet, ist dies offenkundig moralisch unzulässig. Eine erwachsene Person entscheidet selbst über das, was sie tut, andere dürfen sie nicht zwingen. In diesem Fall wäre der Zwang, mit dem Rauchen aufzuhören, für die Raucherin ein Vorteil und kein Schaden. Ja, wir haben sogar angenommen, dass die Raucherin weiß, dass es für sie von Vorteil wäre. In diesem Sinne würde die Intervention, die den Rauchverzicht erzwingt, die Interessen der Raucherin nicht schädigen. Die Unzulässigkeit ergibt sich allein aufgrund des entgegenstehenden Willens der Raucherin. Es sind hier nicht mehr ihre Interessen, die hier ausschlaggebend sind, sondern allein ihr Anspruch, autonom zu handeln, Autorin ihres Lebens zu sein und zu bleiben.

Diese Aufzählung von Gründen, die dagegen sprechen, dass wir alles tun dürfen, was wir wollen, ist aber keineswegs vollständig und in den Details umstritten. Umstritten ist zum Beispiel, ob das Eigeninteresse uns tatsächlich Pflichten auferlegt. Gibt es das, was Immanuel Kant »Pflichten gegen sich selbst« genannt hat? In Deutschland war noch bis vor wenigen Jahrzehnten der versuchte Suizid strafbar. Der Ausdruck »Selbstmord« suggeriert, dass es zwei Arten von Morden gibt: die an anderen, also eine Tötung anderer Personen, heimtückisch und aus niederen Beweggründen, und die eigene Tötung. Diese Gleichsetzung aber ist hochproblematisch. Wenn jemand mit seiner Tötung einverstanden ist, dann handelt es sich in der Regel nicht mehr um Mord, in manchen Fällen handelt es sich dann lediglich um »Tötung auf Verlangen«. Im Falle der Selbsttötung muss man das Einverständnis des Getöteten voraussetzen.

Wenn ein Suizid bzw. ein versuchter Suizid nicht mehr strafbar ist, ist er dann noch unmoralisch? Niemand macht sich strafbar, wenn er sich zum Beispiel zu Tode trinkt. Angehörige werden dennoch sagen, »Das solltest du nicht tun!«, »Hör mit dem Trinken auf!« etc. Aber die Tatsachen, dass Selbstschädigungen dieser Art nicht strafbar sind, bringt die hohe Wertschätzung zum Ausdruck, die unsere Gesellschaft und Kultur menschlicher Autonomie und Autarkie entgegenbringt. Dieser Wert der Selbstbestimmung wird so hoch geschätzt, dass negative Folgen, wie zum Beispiel selbstzerstörerisches Handeln, in Kauf genommen werden. Allerdings muss man hinzufügen, dass das Rechtssystem hier keineswegs kohärent ist. Die Anschnallpflicht im Auto gilt auch für diejenigen, die unangeschnallt niemanden gefährden. Die Verletzung der Anschnallpflicht ist in letzter Konsequenz ein Straftatbestand. Es spricht manches dafür, dass zurechnungsfähige Erwachsene keine Verpflichtung haben, sich nicht selbst zu schädigen. Allerdings haben fast alle Menschen Verpflichtungen gegen andere, und diese werden in vielen Fällen durch Selbstschädigung verletzt. Eltern haben Verpflichtungen gegenüber ihren Kindern. Wenn sie sich selbst schädigen, zum Beispiel durch Alkoholismus, dann schädigen sie ihre Kinder und verletzen ihre Fürsorgepflicht.

Wir dürfen nicht alles, was wir wollen, weil wir die Autonomie anderer beachten müssen, weil wir anderen mit

Respekt begegnen und als Autoren ihres eigenen Lebens anerkennen sollten. In der kantischen Ethik wird dies zum Zentrum der gesamten praktischen Philosophie. Die Fähigkeit autonom, nach selbst gesetzten Regeln zu handeln, macht die menschliche Vernunft aus und unterscheidet ein autonomes Handeln von einem heteronomen, nämlich einem solchen, das lediglich von Neigungen getrieben ist. Diese Autonomiefähigkeit macht die besondere menschliche Würde aus. Sie zu respektieren ist die oberste Norm der deutschen Rechtsordnung: »Die Würde des Menschen ist unantastbar« (Grundgesetz Artikel 1, Abs. 1). Dieses Gebot ist so strikt zu interpretieren, dass auch dann die Verletzung der menschlichen Würde, der Würde eines einzelnen Menschen, unzulässig ist, wenn damit andere Würdeverletzungen in großer Zahl unterbunden würden. Es ist unzulässig, eine unschuldige Person zu bestrafen, um durch diese Bestrafung andere davon abzuhalten, Menschen in ihrer Würde zu verletzen. Das Bundesverfassungsgericht hat das vom deutschen Bundestag beschlossene Luftsicherheitsgesetz als verfassungswidrig verworfen, weil es zugelassen hätte, dass die unschuldigen Passagiere einer Verkehrsmaschine durch einen Abschuss getötet werden, um eine analoge Katastrophe wie die 9/11 zu verhindern. Das Argument der Verfassungsrichter war, dass damit der unbedingte Würdeschutz, den das Grundgesetz garantiert, verletzt wäre. Die Passagiere würden zum bloßen Mittel für einen Zweck. Auch wenn dieser Zweck darin besteht, Tausende von Menschenleben zu retten, ist diese Tat unzulässig, weil sie die Würde der einzelnen, unschuldigen Passagiere verletzt. Hier ging es nicht um die Abwägung von Leben gegen Leben, sondern um die absolute Geltung des Würdeschutzes. Man muss sich dieser Verfassungsinterpretation nicht anschließen, selbst wenn man sich ihr anschließt, bleibt es unbenommen, der Auffassung zu sein, dass die moralischen Konsequenzen inakzeptabel seien. Aber es wird vermutlich unumstritten sein, dass wir eine moralische Pflicht haben, respektvoll mit anderen umzugehen, ihre Autonomie als Akteure zu wahren und sie in ihrer Selbstachtung nicht zu schädigen.

»Und eigentlich ist es doch ihre Freundin, und man darf doch spielen, mit wem man will!«

Rechte

Rechte, die andere haben, erlegen uns Pflichten auf. Wenn A ein Recht auf X hat, dann hat B eine Pflicht, nichts zu tun, was A daran hindern könnte, X zu haben. Wenn junge Menschen das Recht haben, selbst zu bestimmen, wen sie heiraten wollen, dann haben alle anderen die Pflicht, von Handlungen abzusehen, die eine solche freie Entscheidung unmöglich machen. Zwangsheirat ist rechtlich und moralisch unzulässig. Aber auch Handlungen, die indirekt dazu führen, dass die Freiheit der Entscheidung eingeschränkt ist, sind moralisch problematisch. Mütter, die unliebsamen potenziellen Schwiegersöhnen von negativen Seiten ihrer Tochter berichten, um diese davon abzuhalten, sie zu ehelichen, intervenieren in die freie Lebensgestaltung, in das Recht auf freie Partnerwahl, auch wenn diese Intervention nur indirekt ist und möglicherweise unwirksam bleibt. Eltern, die Kindern mit empfindlichem Übel drohen, um diese von der

Ehe mit unliebsamen Partnern abzuhalten, verletzen die individuelle Würde, die Freiheit der eigenen Lebensgestaltung, das Recht auf freie Partnerwahl des Kindes. Die Rechte des einen schränken die zulässigen Handlungen des anderen ein. Libertäre Denker versuchen die gesamte Ethik auf dieses Prinzip zu beschränken: Alle menschlichen Individuen haben – angeborene – Rechte, wie Recht auf Leben, körperliche Unversehrtheit und rechtmäßig erworbenes Eigentum, alle übrigen moralischen Regeln seien auf diese Menschenrechte zurückzuführen. Man muss sich dieser Auffassung nicht anschließen, viel spricht dagegen, dass ausschließlich individuelle Rechte moralische Pflichten generieren, aber unbestreitbar ist, dass individuelle Rechte eine wichtige Rolle für unser Handeln spielen.

Hier gibt es einen offenkundigen Zusammenhang mit dem Aspekt der Autonomie, der für alle Individuen gleichen Freiheit. Individualrechte schützen die Autonomie des Einzelnen, sie stellen sicher, dass der Einzelne seine Vorstellungen vom eigenen Leben verwirklichen kann, ohne befürchten zu müssen, dass andere intervenieren. In einer Kultur, die die individuelle Autonomie hoch schätzt und deren Erziehungsmethoden sich an dieser zunehmend ausrichten, spielt der Respekt gegenüber den Rechten anderer eine zentrale Rolle. Eine Gesellschaft, die die Rechte der einzelnen Person unabhängig von ihrer Herkunft, ihrem Geschlecht, ihrer Hautfarbe respektiert, ermöglicht eine Selbstbestimmung, die autonome Praxis, der Individuen. Individualrechte schützen die Autonomie des Einzelnen.

Eine Frau, die sich freiwillig ans Sofa kettet, nur um abzunehmen, muss vor sich selbst beschützt werden.

Freiwillige Selbsteinschränkung der Freiheit

Eine schwierige Frage ist, ob es moralisch zulässig ist, durch freie Entscheidung die eigene Autonomie einzuschränken. Ein klassisches Beispiel hierzu: Eine junge Frau, die ihren Beruf aufgibt und sich ökonomisch in die Abhängigkeit von ihrem Ehemann begibt, wohl wissend, dass sie nach vielen Jahren ohne Berufstätigkeit jedenfalls nicht auf demselben Niveau die Karriere fortsetzen können wird, ja möglicherweise sogar annehmen muss, dass sie nie mehr die Chance haben wird, ökonomisch selbstständig zu sein, verzichtet auf einen Teil ihrer Autonomie. Das kann ihr niemand verbieten.

Es wäre heute jedoch rechtlich unwirksam, sich als Schuldner zum Leibeigenen des Kreditgebers machen zu müssen, um die ausbleibende Tilgung auszugleichen, wie es jahrhundertelang geschehen ist. Der Status des Leibeigenen wäre mit unserem heutigen Verständnis der Menschenwürde unvereinbar, auch dann, wenn dieser Status freiwillig angenommen würde.

Dennoch gibt es im privaten Bereich auch in der modernen Gesellschaft unterschiedliche Formen von Abhängigkeitsverhältnissen, emotionale, soziale und ökonomische. Wir begegnen uns nicht überall auf gleicher Augenhöhe, und die ethische Theorie muss dem gerecht werden. Die moderne Ethik tut sich in dieser Hinsicht schwer. Sie postuliert eine anthropologische, das heißt im Menschenbild begründete, gleiche Freiheit und leitet daraus gleiche Rechte und gleiche Pflichten ab, während die antike und die mittelalterliche Ethik von Ungleichheit und natürlichen Herrschaftsverhältnissen ausging und entsprechend unterschiedliche Rechte und Pflichten definierte. Gleiche Freiheit charakterisiert die politische Sphäre, als Bürgerinnen und Bürger, als Rechtsobjekte sind wir frei und gleich. Dies ist die Grundlage aller Demokratie.

Wer eine Mutter oder ein Vater ist und diese Rolle übernommen hat, muss sich als Mutter oder Vater verhalten, also seine Verantwortung gegenüber dem Kind wahrnehmen.

Pflichten

Als Angestellte eines Unternehmens haben wir in der Regel einen Vorgesetzten. Dieser hat Rechte, die wir nicht haben, wir haben Pflichten, die dieser nicht hat. Vorgesetzte nehmen eine Verantwortung wahr, die asymmetrisch ist. Die Weisungsunterstellten haben nicht die gleiche Verantwortung. Entsprechend ist der Bereich dessen, was wir dürfen, in unterschiedlichen Rollen unterschiedlich abgesteckt. Die Rollen die wir wahrnehmen, als Lehrer, als Eltern, als Schüler, als Vorgesetzte, als Mitarbeiter etc., stecken in unterschiedlicher Weise den Bereich autonomer Praxis ab.

Damit sind wir beim dritten Grund dafür, dass wir nicht alles dürfen, was wir wollen. Der erste Grund ergab sich aus unserem eigenen Interesse, der zweite aus dem Interesse anderer. Wir haben diesen zweiten Grund zum Prinzip der

Autonomie erweitert. Der dritte Grund ergibt sich aus den sozialen Rollen, die wir spielen. Diese einzelnen Rollen sind durch Regeln definiert, denen wir zu folgen haben. Die soziale Rolle der Lehrerin ist eine andere als die des Schülers. Diese Rolle beinhaltet bestimmte Verpflichtungen, zum Beispiel die, den Kindern einen bestimmten Lernstoff zu vermitteln, diese anzuleiten und das eigene Erkennen zu fördern. Zu dieser Rolle gehört aber auch die Pflicht, pünktlich zum Unterricht zu erscheinen. Eine Pflicht, die auch die Schüler haben. Aber die Schüler haben nicht die Pflicht, der Lehrerin Erkenntnisse zu vermitteln, auch wenn sie dies auch oft genug tun. Eltern haben Pflichten gegenüber ihren eigenen Kindern. Sie haben nicht die gleichen Pflichten gegenüber den Kindern anderer.

Gegenwärtig erfährt die Tugendethik eine Renaissance. Unter »Tugendethik« versteht man eine Art von Moraltheorie, wie sie in der Antike besonders prominent Aristoteles entwickelt hat. Radikale Tugendethiker sehen die sozialen Rollen, die Erwartungen, die mit bestimmten Rollen, die wir einnehmen, verbunden sind, als Grundlage aller Moral. Da diese Rollen kulturell verfasst sind, scheint die Tugendethik eng mit dem Relativismus verbunden zu sein, der Auffassung also, dass alle moralischen Normen relativ sind und von der Kultur, in der man sich befindet, abhängen. Dieser Relativismus der Tugendethik ist jedoch nicht unwidersprochen geblieben.

Martha Nussbaum ist die vielleicht prominenteste Objektivistin unter den Tugendethikerinnen. Sie interpretiert Aristoteles so, dass er auf der Grundlage eines Menschenbildes, einer Anthropologie, Tugenden erörtert, die das gelungene

Leben ausmachen, und zwar weitgehend unabhängig von den Spezifika der jeweiligen Kultur. Auch wenn in der Ethik darüber gestritten wird, ob Tugenden allgemein menschlich sind, ob sie auf gemeinsamen menschlichen Grunderfahrungen beruhen oder jeweils die Spezifika einer Kultur zum Ausdruck bringen, werden wir nicht bezweifeln können, dass soziale Rollen mit bestimmten Erwartungen verbunden sind, die mit Pflichten korrespondieren.

»Ich habe einmal meiner Oma gesagt,
dass ich zu ihr gehe, und dann hatte ich
plötzlich keine Lust mehr. Aber dann bekam
ich irgendwie so ein schlechtes Gefühl …«

Verpflichtungen

Manche unserer Pflichten ergeben sich nicht aus sozialen Rollen, die wir einnehmen, sondern aus Verpflichtungen, die wir eingegangen sind. Wenn ich versprochen habe, morgen um sechzehn Uhr einen Freund abzuholen, dann habe ich die Verpflichtung, pünktlich um sechzehn Uhr dort zu sein. Ohne mein Versprechen vom Vortag wäre ich dazu nicht verpflichtet. Ein Gutteil des gesellschaftlichen Lebens beruht darauf, dass sich Menschen gegenüber anderen Menschen verpflichten, damit wird ihr Verhalten, im günstigen Fall, einschätzbar. Und es entstehen in vielen Fällen dauerhafte Kooperationsbeziehungen. Versprechen ist nur eine Form der Verpflichtung. A verspricht B setzt nicht voraus, dass sich B in irgendeiner Weise zu etwas verpflichtet. Anders ist dies bei Vereinbarungen. Vereinbarungen verpflichten beide Partner.

Wenn diese wechselseitige Verpflichtung eine gewisse Form hat, handelt es sich um Verträge. Wir sind zur Einhaltung unserer Versprechen und Vereinbarungen verpflichtet, unabhängig davon, welche Sanktionen und ob überhaupt Sanktionen drohen. In manchen Verträgen werden Konventionalstrafen festgelegt, das heißt Strafen, die demjenigen auferlegt werden, der den Vertrag bricht. Es mag sein, dass in der ökonomischen Praxis die Nachteile der Konventionalstrafe im Einzelfall abgewogen werden gegen die Vorteile eines Vertragsbruchs. Generell aber gilt, dass Verträge, Vereinbarungen und Versprechen unabhängig von den zu erwartenden Strafen oder Sanktionen verpflichten. Eine Vereinbarung ist eine Festlegung, sie ist mit bestimmten Erwartungen der Person verbunden, gegenüber der ich diese Vereinbarung eingegangen bin. Menschen, die sich an ihre Versprechen und Vereinbarungen nicht halten, gelten als unzuverlässig, wenig vertrauenswürdig, sie haben am Ende Probleme, stabile Sozialbeziehungen aufrechtzuerhalten. Man spricht von Soziopathen, wenn Personen andere lediglich als Instrument der eigenen Wunscherfüllung behandeln. Soziopathen haben keine Mitleidsgefühle und kein schlechtes Gewissen, sie optimieren, wenn hinreichend intelligent, ihre eigenen Interessen immer dann zulasten von anderen, wenn ihnen das vorteilhaft erscheint. Soziopathen haben aber das Problem, dass sobald dieses Verhaltensmuster transparent wird, es schwierig wird, Menschen zu finden, die sich in dieser Weise instrumentalisieren lassen. Die typische Biografie von Soziopathen ist daher durch einen beständigen Wechsel der Sozialpartner, der Bindungen, der Orte geprägt.

Resümieren wir: Wir dürfen nicht alles, was wir wollen, weil

a) dem oft unser eigenes Interesse im Wege steht,
b) dem oft Interessen anderer entgegenstehen,
c) wir die individuelle menschliche Würde nicht verletzen dürfen, die Autonomie anderer respektieren sollen,
d) wir Pflichten haben, die mit sozialen Rollen einhergehen,
e) wir Verpflichtungen, also Versprechen, Vereinbarungen, Verträge, eingegangen sind.

»Das geht doch nicht. Die Fenster gehören doch jemandem, und das, was einem anderen gehört, kann ich nicht einfach so kaputtmachen.«

Prinzipien-Ethik

In der ethischen Literatur spielen Prinzipien eine zentrale Rolle, um zu bestimmen, was moralisch zulässig oder unzulässig ist. Zwei große Traditionen der modernen Ethik, der bereits erwähnte Utilitarismus und der Kantianismus, ein ethischer Ansatz, der auf Immanuel Kant zurückgeht, sind Prinzipien-Ethiken. Diese formulieren ein Prinzip, aus dem sich – vermeintlich – alle moralischen Pflichten und Verpflichtungen, Rechte etc. ableiten lassen. Für den Utilitarismus ist das Prinzip, die Summe des individuellen Nutzens zu maximieren. Eine Handlung ist richtig, wenn sie im Vergleich zu allen anderen offenstehenden Handlungen die beste Lust-Leid-Bilanz unter Menschen oder, wenn Tiere einbezogen werden, in der Welt generell herbeiführt. Eine Handlung ist unzulässig, wenn dies nicht der Fall ist. Eine Handlung ist erlaubt, wenn es mehrere Handlungen gibt, die gleichermaßen die Nutzensumme im Universum maximieren, und man eine von diesen auswählt. Wenn ich zehn Freunde zum Essen einlade, bereite ich – so wollen wir annehmen – diesen zehn Personen eine Freude, mir vermutlich auch. Wenn ich die gleiche Zeit und die gleichen Kosten für Hungerhilfe über »Brot für die Welt« einsetze, ist anzunehmen, dass damit mehr Leid minimiert wird, die Nutzenbilanz also deutlich besser ausfällt.

Dies utilitaristische Prinzip gerät allerdings mit vielen moralischen Überzeugungen, die wir alle teilen, in Konflikt. Niemand von uns würde es etwa befürworten, eine unschuldige Person zur Abschreckung zum Tode zu verurteilen, wenn diese Handlung besonders effektiv im Sinne der Prävention von Straftaten und der Vermeidung menschlichen Leids wäre. Niemand wird befürworten, um ein anderes, viel diskutiertes Beispiel zu bringen, dass ein verunglückter Motorradfahrer, der in eine Klinik eingeliefert wird, nicht behandelt wird, um die Organe nach seinem Ableben für Schwerkranke nutzen zu können. Etwas allgemeiner ausgedrückt heißt das, dass niemand von uns die individuellen Rechte zur Disposition stellt, um das allgemeine Wohl zu maximieren.

Weit besser steht es um den berühmten kategorischen Imperativ der zweiten Prinzipien-Ethik, nämlich der von Immanuel Kant. Hier werden die Maximen einem Test unterworfen, nämlich ob sie als allgemeine Verhaltensregel tauglich sind. Wenn eine Maxime diesen Test nicht besteht, dann ist ein Handeln nach dieser Maxime moralisch unzulässig. Aber auch dieses Prinzip hat merkwürdige Folgerungen. Zum Beispiel spricht manches dafür, dass Lügen in Folge unter allen Bedingungen verboten wäre. Jedenfalls war Kant selbst dieser Auffassung. Denn wenn man die jeweilige Situation, für die eine Lüge zulässig zu sein scheint, allgemein charakterisiert, dann ergibt sich eine Art Selbstwiderspruch. Wenn ich zum Beispiel sage, dass ich immer dann lügen darf, wenn damit großes Leid oder eine massive Rechtsverletzung einzelner Personen vermieden wird, etwa im Falle einer unschuldig verfolgten Person, die ich durch eine Lüge vor ihren Verfolgern rette, dann lässt sich diese Maxime nicht verallgemeinern. Wenn die Regel ist, dass alle Menschen in solchen Situationen die Unwahrheit sagen, wenn dies zur allgemeinen Handlungsregel wird, dann wird niemand in solchen Situationen einer Person Glauben schenken, sodass Lügen, im strengen Sinne, gar nicht mehr möglich ist. A belügt B nur dann, wenn A annehmen kann, dass B das glaubt, was er sagt, und A weiß, dass das, was er sagt, falsch ist. Wenn A weiß, dass B das, was er behauptet, ohnehin nicht glaubt, dann handelt es sich nicht um eine Lüge. Der Schauspieler auf der Bühne, der sagt: »Ich bin König Lear«, lügt nicht.

Der kantische kategorische Imperativ ist als Prinzip der Moral jedoch in hohem Maße unvollständig. So ist es zwar jeweils denkbar und wünschbar, dass alle im Straßenverkehr jeweils rechts fahren, genauso wie es jeweils denkbar und wünschbar ist, dass alle jeweils links fahren bei Linksverkehr, dennoch ist das Linksfahren und das Rechtsfahren nicht gleichermaßen erlaubt, ausschlaggebend dafür sind die allgemeine Praxis und die Gefährdungen, die mit einer Abweichung von der allgemeinen Praxis einhergingen. Dieser Formalismus des kantischen Typs der Prinzipien-Ethik wurde schon zu Kants Lebzeiten von Hegel und vielen anderen kritisiert. Die Zurückführung aller Moralität auf ein Prinzip scheint auch in dieser Gestalt nicht aussichtsreich.

Aber auch dann, wenn die Prinzipien-Ethik in dem Sinne scheitert, dass die Zurückführung aller Moralität auf ein Prinzip nicht überzeugt, spielen bestimmte allgemeine Regeln für unsere moralischen Urteile eine zentrale Rolle. Eine dieser Regeln ist die der Gleichbehandlung und der gleichen Würde. Das Verbot von Diskriminierung ist nicht nur für die Gesetzgebung und die Rechtssprechung zentral, sondern auch für unsere alltägliche Praxis.

Eine Gesellschaft, in der die Menschen im Bus den Sitzplatz wechseln, wenn sich jemand mit anderer Hautfarbe neben sie setzt, ist inhuman, verletzt das moralische Gebot gleichen Respekts und gleicher Würde. Seit der Entdeckung menschlicher Gleichheit in der frühen Neuzeit, mit Vorläufern in der antiken Stoa und in anderen Kulturkreisen wie etwa dem Buddhismus, wurde das Verbot der Diskriminierung immer weiter konkretisiert. Dieser Prozess ist bis heute nicht abgeschlossen. Diskriminierung aufgrund der Geschlechtszugehörigkeit, aufgrund der Religion, aufgrund der Hautfarbe, der Herkunft etc. ist rechtlich unzulässig und in der lebensweltlichen Praxis moralisch falsch. Aber darf man nach Alter diskriminieren? Die jüngste Entwicklung ist die zunehmende Anerkennung, dass auch »Ageism«, also die Diskriminierung aufgrund des Alters, unzulässig ist. Die ökonomische, aber auch die lebensweltliche Praxis verletzt dieses Antidiskriminierungsgebot häufig. Dies war aber auch in der Nachkriegszeit so, als zwar die Gleichberechtigung von Mann und Frau zur Verfassungsnorm geworden war, aber das Familienrecht Frauen untersagte, berufstätig zu werden, wenn der Mann damit nicht einverstanden war, ja sogar Rechtsgeschäfte zu tätigen ohne Zustimmung des Mannes. Das grundlegende Prinzip der Gleichheit aller Menschen zieht jedenfalls moralische Pflichten nach sich. Dies ist ein Beispiel dafür, dass neben Verpflichtungen und Pflichten, individuellen Rechten und Rücksichtnahme auf die Autonomie anderer auch Prinzipien eine Rolle spielen für das, was erlaubt und was verboten ist. Manchmal dürfen wir etwas nicht tun, weil wir damit das Prinzip menschlicher Gleichheit verletzen würden.

4.
Moral im Umgang mit Tieren oder:
Warum wir die Katze nicht in die Waschmaschine stecken dürfen

Heute gehen wir zum Philosophieren mit Kindern in ein Zirkuszelt. Unsere Veranstaltung findet diesmal im Rahmen des Münchner LILALU Kinderfestivals statt, das seit einigen Jahren ein umfangreiches Programm für Kinder zusammenstellt. Hier gibt es alle möglichen Attraktionen. Im Zelt neben uns wird eine Ziegenzähmung gezeigt und im Zelt hinter uns eine Magie-Show. Es ist fast unerträglich heiß und schwül. Ob sich wohl Kinder finden lassen, die in ein heißes Zirkuszelt gehen möchten, um zu philosophieren? Wir nehmen auf einer Zirkusbank Platz, und nach einiger Zeit treffen einige neugierige Kinder ein. Die meisten sind ziemlich klein, um die drei, vier Jahre alt, und haben ihre Eltern dabei, aber auch ein paar Jugendliche sind in der Menge. Bisher haben unsere Gespräche in geschlossenen Räumen mit relativ homogenen Kindergruppen stattgefunden. Diese Sitzung hat die jüngsten und zugleich ältesten Teilnehmer.

Wie alt seid ihr eigentlich?

»Ich bin vier!«, flüstert ein kleines Mädchen mit rebellischen blonden Haaren, das auf dem Schoß seiner Mutter sitzt. Ansonsten schweigen die Kinder. Wahrscheinlich erwarten

sie, dass wir einen Hasen aus einer Tasche zaubern oder ihnen eine Ziege zeigen. Ob sie begreifen werden, dass sie hier nicht wie im Zirkus etwas geboten bekommen, sondern sich selbst beteiligen müssen, dass sie selbst Teil dieser Show sind?

Mögt ihr eigentlich Tiere?

Verunsichert schauen die Kinder umher, trauen sich aber nicht, etwas zu sagen.

Habt ihr denn mit Tieren zu tun oder habt ihr zum Beispiel ein Haustier?

Zaghaft meldet sich ein Junge.

»Also, ich hätte gerne einen Hund.«

Hat jemand zu Hause eine Katze?

Drei Kinder melden sich.

Wenn jemand eure Katze in die Waschmaschine stecken möchte, wäre das in Ordnung?

Ein kleiner Junge in einem weißen Polohemd meldet sich.

»Nein, das geht nicht!«, sagt er entschlossen.

Und warum nicht?

»Na ja, das ist doch klar!«, sagt der kleine Junge.

Warum ist das klar?

»Weil unsere Katze das gar nicht gut fände und vielleicht sterben würde«, antwortet er.

Und wie ist es mit Mücken, die einen stechen? Darf man die totschlagen?

»Ja, schon, weil die einem ja auch wehtun!«, sagt ein Mädchen mit runden Brillengläsern.

Und wenn die Katze dich gekratzt hat, darf man sie dann töten?

»Also, meine Katze hat mich, als sie noch klein war, oft ge-

kratzt, aber töten darf man sie deswegen nicht«, mischt sich eines der Mädchen ein.

Wie ist das? Mücken darf man töten, wenn sie einen stechen, aber Katzen, die einen kratzen, nicht?

Die Kinder denken nach. Andere Kinder kommen jetzt hinzu und setzen sich auf den Boden.

»Die Mücke, die ist einfach so klein!«, sagt das vierjährige Mädchen.

Liegt es nur an der Größe? Wie ist das, wenn ein Dino dich angreifen würde? Dürfte die Mama ihn dann auch nicht erschießen, nur weil der Dino so groß ist?

»Nee«, sagt ein dunkelhäutiges Mädchen, das eben hereingekommen ist und so um die acht Jahre alt sein dürfte, »die Größe spielt keine Rolle!«

»Mücken denken nicht«, sagt ein älteres Mädchen von etwa zwölf Jahren, das sich auf den Boden gesetzt hat, »Hunde oder Katzen aber schon. Da ist einfach ein Unterschied!« S. 113

An was liegt es also, dass wir die Katzen nicht in die Waschmaschine stecken dürfen?

»Hunde und Katzen sind eben nützlich für uns!«, sagt das Mädchen mit den runden Brillengläsern. »Der Hund, der beschützt uns, und die Katze, die verjagt Mäuse, damit die nicht ins Haus kommen und alles wegessen, und deshalb sind sie wichtig für uns!«

Seid ihr alle damit einverstanden, dass man nur die Tiere nicht töten darf, die uns Nutzen bringen, solange sie leben?

Die Kinder rutschen unruhig auf ihren Stühlen. Glücklich scheinen sie mit dieser Schlussfolgerung nicht zu sein. Man sieht ihnen an, wie sie versuchen, ihre Gedanken zu ordnen.

Was ist denn zum Beispiel mit einem alten Hund, der niemanden mehr beschützen kann. Darf man den umbringen?

Die Kinder schütteln den Kopf.

Warum eigentlich nicht?

»Weil's gemein ist, deshalb!«, ruft ein Kind.

Okay, aber gibt es einen Grund, den man benennen kann, abgesehen davon, dass man das Gefühl hat, dass es nicht richtig ist?

»Wenn ich lieb zu einem Löwen bin, dann frisst er mich auch

nicht!«, sagt ein Mädchen, das erst vor wenigen Minuten hereingekommen ist.

Hm, da wäre ich mir aber nicht so sicher, vor allem nicht, wenn das ein Löwe ist, der schon lange nichts mehr gegessen hat.

»Und wenn ich ihm was Schönes vorsinge und ihm Gummibärchen gebe?«

Ich fürchte, dass sich ein Löwe davon nicht beeindrucken lässt.

S. 106

Plötzlich steht das Mädchen mit den runden Brillengläsern auf und sagt: »Das wäre deshalb gemein, weil der alte Hund dann ganz viel Angst bekommt, und das ist doch nicht gut!«

»Ja«, sagt ein kleines Mädchen in der ersten Reihe, »und Schmerzen hätte er dann auch, und das ist auch nicht gut!«

»Ja«, sagt jetzt ein etwas älterer Junge aus der zweiten Reihe, »das würde einem doch total leidtun, wenn man sehen würde, wie der alte Hund leidet.«

Wie ist es eigentlich bei euch? Esst ihr Fleisch?

Die Kinder murmeln fast alle Ja.

Und was für Fleisch?

Gemeinsam werden nun die Tiere aufgezählt, die auf deutschen Tellern zu finden sind: Rind, Schwein, Lamm und Huhn.

Aber wenn wir diese Tiere essen wollen, müssen wir sie vorher töten, oder? Darf man das?

»Eigentlich darf man gar keine Tiere töten«, sagt das Mädchen mit den runden Brillengläsern leise und kratzt sich dabei am Kopf.

»Aber wir brauchen doch Fleisch!«, wirft ein Junge in der

ECKER!
modern art inc®

zweiten Reihe ein. »Damit wir wachsen und so. Und wenn wir das brauchen, dann ist es doch erlaubt, oder?«

Was haltet ihr denn von Folgendem: Tiere wie Hunde, Affen oder Katzen, aber auch Kühe und Schafe empfinden Schmerzen. Mücken oder Bakterien sehr wahrscheinlich nicht. Also darf man den Tieren, die Schmerzen empfinden können, keine Schmerzen zufügen, außer man hat einen guten Grund dafür.

Ein paar Kinder nicken. Ein älterer Junge wendet ein: »Aber Wissenschaftler machen doch Versuche mit Tieren, auch mit Affen, und manchmal müssen diese Tiere leiden!«

Manchmal sind Menschen krank, und dann versuchen Ärzte, das richtige Medikament zu finden. Das Problem ist nur, dass man das vorher an einem Tier ausprobieren muss. Aber das sollte man nur dann tun, wenn es wirklich notwendig ist! So steht das auch im Tierschutzgesetz. Dort steht, dass das Töten von Tieren nicht verboten ist, aber Schmerzen darf man nur zufügen, wenn es wirklich notwendig ist.

Die älteren Kinder nicken zustimmend.

In der Philosophie, genauer gesagt in der Tierethik, gibt es unterschiedliche Auffassungen. Einige meinen, dass Tiere keine Interessen und keine Wünsche haben wie Menschen, und dass man Tiere daher wie Sachen behandeln dürfe. Andere sind der Überzeugung, dass Tiere und Menschen grundsätzlich gleich zu behandeln sind, alles andere sei eine Diskriminierung. So, wie wir Menschen nicht unterschiedlich behandeln dürften, nur weil sie anders aussehen, zum Beispiel eine andere Hautfarbe haben, so dürften wir auch Tiere nicht anders behandeln, nur weil sie nicht zur selben Spezies gehören wie der Mensch.

Der ältere Junge meldet sich wieder und wendet ein: »Aber wir können Tiere doch nicht wie Menschen behandeln, sie leben doch ganz anders als wir, und sie verstehen uns nicht.«

Die meisten Menschen sind überzeugt, dass Tiere nicht wissen, dass sie sterben, dass für sie der schmerzlose Tod nichts Schlimmes ist und man sie deshalb töten darf, weil wir zum Beispiel das Fleisch brauchen. Was aber nicht heißt, dass man sie quälen darf. Wenn man gezwungen ist, Tiere zu töten, muss das schmerzlos geschehen. Aber es gibt auch diejenigen, die sagen, nein, man darf Tiere weder quälen noch töten noch anderweitig ausbeuten, also weder den Kühen die Milch wegnehmen noch den Büffeln die Haut oder den Hühnern die Eier. Sie nennt man Veganer: Sie essen kein Fleisch und keine Eier und trinken auch keine Milch. Vegetarier sind weniger streng, sie essen kein Fleisch und keinen Fisch, trinken aber Milch und tragen Lederschuhe.

»Meine Tante, die ist Vegetarierin. Sie trinkt schon Milch und so, aber isst nie Fleisch!«, sagt ein kleiner Junge.

Plötzlich meldet sich ein junges Mädchen von etwa vierzehn Jahren, sie hat Rastalocken und einen Ring in der Nase. »Also, ich bin selber auf dem Bauernhof groß geworden, ich weiß, wie die Tiere da gehalten werden. Und so schön, wie das immer auf den Milchpackungen aussieht, mit den glücklichen Kühen auf den Wiesen mit den Blumen und so, so ist das längst nicht. In Wirklichkeit sind die meisten Kühe nämlich in ganz engen Stallungen, sie können oft nicht einmal den Kopf bewegen, weil der so eingezwängt wird, dass sie immer den Trog vor sich haben, damit sie schnell dick werden. Sie sehen nie die Sonne, und die Kälbchen nimmt man der Mutter gleich nach der Geburt weg und gibt ihnen Milch aus der Kunstflasche. Das ist nicht schön!«

S. 118

»Ja, aber auch nicht schön ist, wenn die Leute ihre Hunde aussetzen. Wenn sie in den Urlaub fahren und dann die Hunde an den Raststätten aussetzen. Dann werden sie überfahren oder verhungern!«, sagt das Mädchen, das bei ihrer Mutter auf dem Schoß sitzt.

Das ältere Mädchen mit den Rastalocken mischt sich erneut in die Diskussion.

S. 115

»Das Schlimme ist, dass Tiere ja nicht reden können. Die können sich nicht beschweren. Die brauchen Menschen, die sich für sie einsetzen. Und das will ich auch tun, wenn ich mit der Schule fertig bin.«

Die Kinder schweigen.

Leider ist in der Tat die Tierhaltung bei uns meist eine sogenannte Massentierhaltung. Auch bei Hühnern ist das so, da sind dann Hunderttausende in einer Halle zusammengepfercht. Das ist keine artgerechte Haltung, also eine Haltung von Tieren, die zu ihrem natürlichen Leben passt. Das müsste nicht so sein. Man könnte sie auch besser halten, und manche Bauern tun das auch. Das Problem dabei ist dann, dass das Fleisch teurer wird. Aber den Tieren geht es besser. Wer von euch ist dafür, dass man die Massentierhaltung abschafft?

Fast alle Hände gehen in die Höhe.

Und wer ist bereit, dann weniger Fleisch zu essen?

Die Kinder zögern, nur etwa die Hälfte der Hände geht in die Luft, doch nach und nach werden es mehr.

»Also, mein Vater, der grillt im Sommer immer am Wochenende, aber vielleicht könnte er mal weniger grillen«, sagt ein kleiner Junge.
»Wenn ich Lust auf Fleisch hab, dann denk ich eben dran, dass es den Tieren besser geht, wenn ich nicht so viel esse!«, sagt das kleine Mädchen in der ersten Reihe.
Etwa eine halbe Stunde ist vergangen. Da die Kinder diesmal insgesamt jünger sind und sich nicht so lange Zeit konzentrieren können, wird die Sitzung nun mit der Frage beendet, welches Tier die Kinder gerne einmal treffen würden. Sie überlegen kurz, dann schnellen die Hände in die Höhe.
»Ich will mal einen Elch sehen!«

Und warum?

»Weil der so ein schönes Geweih hat!«
Die Kinder lachen.
»Und ich will ein Schaf streicheln!«, sagt das Mädchen mit den runden Brillengläsern. »Weil die so freundlich sind!«

Weißt du, was man mit Schafen macht?

»Ja, man nimmt ihnen die Wolle weg. Also, man schneidet ihnen das Fell, und dann haben wir Wolle für Winterpullis und so.«

Tut denen das weh?

»Nein!«, schreien die Kinder.

Und wisst ihr auch, warum der Schäfer immer einen Hund dabeihat?

Ein paar Hände gehen hoch.
»Ja, weil die Schafe immer zusammenbleiben müssen, und vielleicht muss der Hund sie auch vor dem Wolf beschützen!«
»Ich würde gerne einen Delphin treffen«, sagt das ältere

Mädchen mit den Rastalocken. Die spielen ständig und haben diese tolle Sprache mit den hohen Tönen, ich finde das spannend!«

Das ist wahr. Ihr Gehirn funktioniert nicht wie unseres, aber manche Forscher behaupten, dass sie sehr intelligent sind.

»Ich würde auch lieber mehr spielen, als für die Schule zu lernen«, sagt der Junge in der zweiten Reihe. Ein paar Kinder kichern.

»Ich glaube, die intelligentesten Tiere sind die Gorillas. Oder vielleicht die Orang-Utans«, sagt ein anderes Mädchen.

S. 111

»Ich glaube, die Elefanten sind am intelligentesten«, sagt das Mädchen mit den Rastalocken, »die wissen sogar, dass sie sterben, also zumindest, dass andere sterben. Sie haben sogar Friedhöfe, wo sie um ihre Verwandten trauern.«

Die Sitzung ist um. Wir bedanken uns bei den Kindern fürs Mitmachen, und sie klatschen. Es ist fast wie im Zirkus, auch wenn es keine magischen Tricks gab, außer dem, gemeinsam nachzudenken.

Moral im Umgang mit Tieren

Bis in die 1960er Jahre wurde vonseiten der Wissenschaft die Unterstellung, Tiere hätten Interessen und Wünsche, auf die man Rücksicht nehmen müsse, als ein unbegründeter Anthropomorphismus zurückgewiesen. Wissenschaftliche Seriosität verlange eine streng behavioristische Betrachtung: Tiere zeigen bestimmte Verhaltensweisen, und diese könne man wissenschaftlich analysieren. Alles, was darüber hinausgehe, sei unseriös, sei wissenschaftlich nicht begründet, beruhe auf dem Irrtum, Tiere seien wie wir, sie hätten ähnliche Gefühle wie Menschen.

Unterdessen hat sich das Blatt gewendet. In der Ethologie, also der Verhaltensforschung, werden unterdessen Fragen wie die folgenden intensiv diskutiert und experimentell untersucht: Haben bestimmte Tiere Selbstbewusstsein? Schreiben sich Tiere wechselseitig Gefühle zu? Seit einem berühmt gewordenen Aufsatz mit dem Titel *Does the Shimpanzee have a theory of mind?* – wird in diesem Zusammenhang – irreführend – von einer »Theorie des Geistes« gesprochen, über die einige Tiere verfügten. Gemeint ist lediglich das durch bestimmte Experimente bestätigte Phänomen, dass manche Tiere offenbar die Gefühle und Meinungen anderer Tiere in ihrem Verhalten berücksichtigen. Dies zeigt der kleine Schimpanse, der an eine Banane herankommen will, aber weiß, dass er in Anwesenheit eines stärkeren Schimpansen keine Chance haben wird, diese dann auch in Ruhe zu verzehren. Er verlässt den Raum und kehrt erst dann eilig zurück, wenn auch der größere Schimpanse den Raum verlassen hat (ihm war die Banane nicht aufgefallen), der also eine Art Täuschungshandlung vollzieht. Damit scheint belegt, dass er die Gefühle und Meinungen des anderen Schimpansen richtig einschätzt, dass er dazu jedenfalls eine Meinung hat. Der kleine Schimpanse vermutet, dass der große ebenfalls an die Banane will, dass er ihm keine Chance ließe, die Banane an sich zu nehmen, dass er aber offenbar die Banane noch nicht entdeckt hat, dass er ihm möglicherweise folgen würde, wenn er den Raum verlässt usw. Wenn diese Interpretation stimmt, dann haben Menschen und manche Tierarten, wie etwa Schimpansen, etwas gemeinsam, dass sie sich nämlich wechselseitig Gefühle und Überzeugungen zuschreiben und dementsprechend handeln.

Die Zeit des reinen Behaviorismus in der Ethologie ist vorüber, untersucht wird, welche Tiere über Selbstbewusstsein verfügen, welche über Metakognition verfügen, das heißt wissen, wie viel sie wissen, oder jedenfalls Annahmen darüber haben. Die Tierschutzbewegung, die im 19. Jahrhundert begann, hat unterdessen eine wissenschaftliche Stütze, nicht nur in der Biologie, sondern auch in der Philosophie. Es gibt eine umfangreiche philosophische Literatur zu Fragen der Tierethik. Unterschiedliche Denkschulen stehen sich dabei gegenüber. Utilitaristen, die schon im 18. Jahrhundert die These vertraten, dass es für die moralische Bewertung irrelevant sei, ob ein Wesen denken könne, ausschlaggebend sei, ob es leiden könne. Ein zeitgenössischer Tierethiker wie Peter Singer bekämpft den Speziesismus und will erreichen, dass auf die Empfindungen von Tieren in der gleichen Weise Rücksicht genommen wird wie auf die von Menschen. Andere vertreten die Auffassung, dass Tieren Rechte zukommen, auf die wir Rücksicht nehmen müssen. Die Tierschutzbewegung hat in der Philosophie einen starken Verbündeten.

Allein in der Bundesrepublik Deutschland werden jährlich ca. dreihundertdreißig Millionen Tiere, vor allem Hühner, Schweine und Rinder, geschlachtet. Die meisten dieser Tiere leben bis zu ihrer Schlachtung unter den Bedingungen der industriellen Massentierhaltung. In der Forschung werden in Deutschland jährlich ca. zwei Millionen Tiere für Versuche genutzt, ca. achtundsiebzig Prozent davon sind Ratten und Mäuse. Die Schädlingsbekämpfung, insbesondere in der Landwirtschaft, fordert eine unbekannte Zahl meist qualvoll verendender Tiere. Die Zerstörung der natürlichen Ökosysteme lässt weltweit jährlich viele Tierarten aussterben und verdrängt eine große Anzahl von Wildtieren aus ihren angestammten Lebensräumen, was in vielen Fällen mit Siechtum, Unfruchtbarkeit und Tod bezahlt wird. Allein in der Bundesrepublik Deutschland leben mehr als neunzig Millionen Haustiere, darunter etwa 5,5 Millionen Katzen und 4,8 Millionen Hunde, von denen ein Teil nicht tiergerecht gehalten wird.

»... das würde einem doch total leidtun, wenn man sehen würde, wie der alte Hund leidet.«

Sentientismus

Wer Tieren einen moralischen Status zuschreibt, hält sie in der Regel auch für empfindungsfähig. Wenn Tiere einen moralischen Status haben, darf man sie nicht wie bloße Sachen behandeln. Die moderne Philosophie hat jedoch meist gerade dafür argumentiert. So meinte Immanuel Kant, dass es keine Pflichten gegenüber Tieren gebe, sondern allenfalls in Ansehung von Tieren. Tiere zählen demnach höchstens indirekt, zum Beispiel wenn Grausamkeit gegenüber Tieren Grausamkeit gegenüber Menschen befördert.

Ethische Theorien, die die Grenze zwischen empfindungsfähigen und nicht empfindungsfähigen Entitäten ziehen, fassen wir unter dem Oberbegriff des Sentientismus zusammen. Wenn Tiere oder wenigstens einige Tiere empfindungsfähig sind und wenn der Sentientismus recht hat, dann gibt es ein spezifisches moralisches Problem im Umgang mit Tieren oder jedenfalls diesen Tieren.

Damit ist, ganz unabhängig von der jeweiligen ethischen, allerdings immer sentientistischen Theorie, die Bestimmung der Formen und des Inhalts tierlicher Empfindungsfähigkeit Teil der Problemlage. Woher wissen wir, dass Tiere empfindungsfähig sind, wie können wir bestimmen, in welchem Ausmaß diese Empfindungen haben, etwa Schmerz oder Trauer, Lust und Leid empfinden? Welche Zusammenhänge bestehen zwischen manifestem Verhalten und mentalen Vorgängen? Verfolgen Tiere Absichten? Haben Tiere ein

Zeitbewusstsein? Können Tiere Angst vor dem eigenen Tod haben? All diese Fragen sind zunächst empirischer Natur, auch wenn sie im Hinblick auf die ethische Theoriebildung gestellt werden.

Empirische Fragen dieser Art scheinen nicht zur Philosophie, sondern zu den Biowissenschaften zu gehören. Tatsächlich gab es jedoch über viele Jahrzehnte eine Art *déformation professionelle,* eine berufsspezifisch verformte Sicht, die Fragestellungen dieser Art aus dem Kanon moderner biowissenschaftlicher Forschung lange herausgehalten hat. Seit einiger Zeit beginnt sich diese Situation zu ändern, und die Divergenz privater Einstellungen von Biowissenschaftlern gegenüber Tieren, etwa ihren eigenen Haustieren, und der wissenschaftlichen Ausklammerung dieser Einstellungen scheint zurückzugehen. Eine Tierpsychologie hat sich jedenfalls bis heute nicht etablieren können, sodass die Interpretation zugänglichen empirischen Datenmaterials für die Zwecke der Tierethik ein eher schlechter Ersatz sein muss.

Die Überzeugung, dass jedenfalls höhere Säugetiere gelegentlich Gefühle wie Schmerz, Angst oder Freude haben, drängt sich jedem auf, der das Verhalten dieser Tiere sorgfältiger beobachtet. Sollte der Besitzer eines Hundes etwa davon überzeugt sein, dass dieser Hund Gefühle der genannten Art nicht hat, so müsste man bei dem betreffenden Hundehalter eine gravierende geistige Störung vermuten. Kinderpsychologen werten es zum Beispiel schon als Warnsignal für eine möglicherweise vorliegende Fehlentwicklung, wenn Kinder eines bestimmten Alters nicht Interesse am Umgang mit Tieren haben. Wer ernsthaft glaubt, selbst höhere Säugetiere seien bewegliche Maschinen, ist offensichtlich in seiner Umweltwahrnehmung ähnlich gestört wie jemand, der menschlichen Babys, nur weil sie noch nicht sprechen können, ihre Empfindungsfähigkeit abspricht.

In einer naturalistischen Betrachtungsweise drängt sich hier ein Zusammenhang auf. Unsere Fähigkeit, auch nonverbales Verhalten in der Sprache mentaler Prädikate zu interpretieren, war über die Jahrtausende der Menschheitsgeschichte Voraussetzung für die Weitergabe genetischer Merkmale. Menschen, in der vaterlosen Gesellschaft zumindest Mütter, mussten in der Lage sein, sich in den Gefühlszustand eines Kleinkindes hineinzuversetzen, seine Schmerz- und Angstzustände zu erkennen, sein Wohlbefinden zu fördern etc., lange bevor sich das Kind sprachlich entsprechend artikulieren konnte.

Diese Fähigkeit mag einer der Gründe dafür sein, dass Menschen aller Zeiten und aller Kulturen eine natürliche mentale Interpretation des Verhaltens von Tieren, die uns genetisch nahestehen, vornehmen. Es bereitet keinerlei Probleme, bestimmte Verhaltenssymptome als Ausdruck von Freude und Lust oder Schmerz und Leid, Müdigkeit, Aufgeregtheit, Verwirrung, Angst, Aggression etc. zu interpretieren. Selbstverständlich muss in Rechnung gestellt werden, dass hier systematische Verzerrungen vorkommen, die aufgrund der Vertrautheit mit menschlichem Verhalten tierliches Verhalten in Analogie und damit gelegentlich falsch interpretieren.

Dennoch gibt es über Speziesgrenzen hinweg eine Vielzahl von Gemeinsamkeiten, die vom Körperbau, der Struktur der Nervenbahnen und des Gehirns bis zu Repertoires von Verhaltensweisen, zum Beispiel bedrohliches Aufrichten oder ängstliches Wegducken, und Signalen der Kommunikation reichen.

Stufen der Entwicklung bei Tieren

Es kann kaum bezweifelt werden, dass höhere Säugetiere, in jedem Fall Primaten, Meeressäuger, Hunde und Katzen, zumindest innerhalb ihrer Spezies, Fremdpsychisches wahrnehmen und bei intensiver Interaktion mit Individuen anderer Spezies auch die Speziesgrenzen überwinden, man denke etwa an die Aufmerksamkeit, die insbesondere Hunde, aber in abgeschwächter Form auch Katzen der Stimmungslage ihrer menschlichen Hausgenossen entgegenbringen, und daher wäre es verwunderlich, wenn die geistig am höchsten entwickelte Spezies dazu nicht in der Lage wäre.

Schwieriger wird die Beurteilung, je weiter wir uns im Sinne genetischer Verwandtschaft vom Menschen entfernen. So legt das komplexe Sozialverhalten einiger staatenbildender Insekten die Vermutung komplexen intentionalen Verhaltens nahe. Andererseits spricht das winzige Gehirnvolumen dagegen, dass derart komplexe Handlungsstrukturen Folge kognitiver Prozesse des jeweiligen Insekts sein können. Das oben angesprochene extensionistische Verfahren kann jedoch auch hier, gestützt auf neurobiologische Forschungsergebnisse, eine gewisse Hilfe sein. Die Flexibilität tierlichen Verhaltens nimmt, zumindest im Bereich der Wirbeltiere, in dem Maße zu, in dem einzelne Hirnregionen keine motorische oder sensorische Spezifikation mehr aufweisen.

Es liegt die Vermutung nahe, dass ohne Vorliegen einer entsprechend differenzierten Hirnstruktur kognitive Prozesse einer gewissen Komplexität nicht möglich sind. Die natürlich erst zu einem geringen Teil entschlüsselte Verhaltenskoordination unter Insekten würde ein hohes Maß an Verständigung und Planung voraussetzen, das auf dieser Ebene der Hirnentwicklung unplausibel erscheint. Dagegen spricht aber auch die Rigidität der Verhaltensmuster von Insekten. Nicht nur die vertraute Tendenz, bis zum Tod hundertfach gegen dieselbe Glühlampe zu fliegen, sondern auch die einfache Reproduzierbarkeit bestimmter Verhaltensweisen unter Bedingungen, die die Erreichung des Ziels dieses Verhaltens ausschließen, sprechen gegen eine Zuschreibung intentionaler Handlungsstrukturierung bei Insekten.

Vor allem aber ist folgende Asymmetrie zu beachten: Wer versucht, das komplexe Sozialverhalten einzelner Insekten intentional zu erklären, der müsste zu dem Schluss kommen, dass das weit primitivere Sozialverhalten der meisten höher entwickelten Lebewesen auf eine geringere kognitive Fähigkeit schließen lässt. Dies ist wenig plausibel. Damit ist selbstverständlich nicht ausgesagt, dass Insekten bloße Roboter seien, deren Verhalten bis ins letzte Detail genetisch vorgeprägt ist. Es mag Anpassungsmöglichkeiten an Umweltbedingungen geben, und diese Lernprozesse sind möglicherweise nur erklärlich, wenn gewisse mentale Eigenschaften angenommen werden, etwa die Fähigkeit, Schmerz zu empfinden.

Letzteres steht dann nicht im Widerspruch zur wiederholten Selbstverletzung und Verstümmelung, wenn die kognitiven Fähigkeiten nicht ausreichen, um den Zusammenhang zwischen Schmerzempfindung und Verhaltensweise rasch genug zu erfassen. Insekten, die sich ohne erkennbares Vermeidungsverhalten verletzen oder gar fressen lassen, könnten allerdings auch diese Minimalzuschreibung mentaler Eigenschaften erschüttern. Das sonst auftretende Vermeidungsverhalten könnte dann als genetisch verankertes, starres Reaktionsverhalten gedeutet werden, das der Vermittlung über Schmerzempfindung nicht bedarf.

»Ich glaube, die Elefanten sind am intelligentesten, die wissen sogar, dass sie sterben, also zumindest, dass andere sterben. Sie haben sogar Friedhöfe, wo sie um ihre Verwandten trauern.«

Bewusstsein und Selbstbewusstsein bei Tieren

Wenn wir einem Wesen Bewusstsein zuschreiben, dann setzen wir minimale kognitive Fähigkeiten voraus, was bei Empfindungsfähigkeit noch nicht zwingend ist. Es macht einen Unterschied aus, ob man sagt, dieses Tier hat Schmerzen, oder ob man sagt, dieses Tier ist sich seiner Schmerzen bewusst, es ist sich bewusst, dass es Schmerzen hat. Bewusstsein setzt eine bestimmte Relation, nicht nur bezüglich der eigenen mentalen Zustände, sondern auch bezüglich der Beziehung zur Umwelt voraus. Ein bewusstes Wesen lebt in der Welt und orientiert sich in einer kohärent wahrgenommenen Umwelt. Daher ist ein schlafwandelnder Mensch nicht voll bewusst. Er reagiert zwar auf Umweltreize, verhält sich oft behutsam, hat die Augen geöffnet und nimmt offensichtlich auch mit diesen Augen etwas wahr, andererseits hat er keine kohärente Sicht dieser Umwelt, was das seltsame Verhalten von Schlafwandlern erklärbar macht. Bewusstsein scheint mir – empirisch, nicht begrifflich – Empfindungsfähigkeit vorauszusetzen.

Die nächsthöhere Ebene ist die des Selbstbewusstseins. Ein Tier kann über Bewusstsein verfügen, ohne über Selbstbewusstsein zu verfügen. Bewusstsein ist eine reflexive Einstellung zur Welt, Selbstbewusstsein eine solche zu sich selbst. Ein Tier, das den berühmten Spiegeltest besteht, das heißt, das etwa einen lange zuvor angebrachten und längst vergessenen Kreidefleck auf der Stirn entfernt, wenn es sein Spiegelbild erkennt, ein Verhalten, das Primaten nach kurzer Gewöhnungszeit regelmäßig zeigen, hat zweifellos Selbstbewusstsein. Es ist sich bewusst, dass dasjenige, was sich ihm im Spiegel darbietet, es selbst ist. Nicht alle bewussten Lebewesen verfügen über Selbstbewusstsein. Der Spiegeltest ist für Selbstbewusstsein sicherlich eine hinreichende, aber vermutlich keine notwendige Bedingung, da er ein hohes Maß an kognitiven Fähigkeiten voraussetzt, die nicht bei jedem selbstbewussten Wesen gegeben sein müssen.

So wie hier Selbstbewusstsein charakterisiert wurde, setzt es nicht voraus, dass ein selbstbewusstes Individuum über ein besonderes Maß an praktischer Vernunft verfügt. Dennoch vermag Selbstbewusstsein Voraussetzung für höhere Formen praktischer Rationalität zu sein. Der Personenbegriff, wie er gelegentlich in der Bioethik verwendet wird, sollte von dem des Selbstbewusstseins abgekoppelt werden. Den Personenstatus kann man solchen Lebewesen zuschreiben, die nicht nur empfindungsfähig, bewusst und selbstbewusst sind, sondern darüber hinaus ihr Leben organisieren, längerfristige Pläne verfolgen, Präferenzen und Intentionen entwickeln, die nicht auf die unmittelbare Handlungsumgebung gerichtet sind, und die insofern im genuinen Sinne Subjekt ihres Lebens sind.

»Mücken denken nicht, Hunde oder Katzen aber schon. Da ist einfach ein Unterschied!«

Mentalismus

Teresa Ann Miller, die mit ihrem Vater in Los Angeles eine erfolgreiche Schauspielschule für Katzen, Hunde und andere Tierarten unterhält und von ihrem wohl bekanntesten Dressurobjekt Rex, aus der Fernsehserie »Kommissar Rex«, sagt: »Ich sah gleich, dass er die idealen Charaktereigenschaften mitbrachte: Er hat ein freundliches Wesen, ist neugierig, aufmerksam und verspielt und zeigt eine souveräne, in sich ruhende Persönlichkeit.« Diese Formulierungen machen den Eindruck einer zu weit gehenden Angleichung tierlicher und menschlicher mentaler Eigenschaften. Andererseits wählt diese Tierexpertin aufgrund von Eindrücken dieser Art ihre Tiere aus und ist nicht nur in der Auswahl, sondern auch in der Art des Umgangs mit ihnen überaus erfolgreich.

Während in der Regel keinerlei Uneinigkeit darüber besteht, unter welchen Bedingungen Menschen Schmerzen empfinden, leiden, Angst haben etc., und keinerlei Uneinigkeit darüber besteht, dass Mord an Menschen moralisch unzulässig ist, so sind die entsprechenden Analoga bei Tieren höchst umstritten, auch unter denjenigen, die sich zu einem sogenannten Mentalismus bekennen und das ethische Gleichbehandlungspostulat auch bezüglich Tieren respektieren. Unter Mentalismus versteht man die Auffassung, dass Tiere nur unter Verwendung mentaler Prädikate vollständig beschreibbar sind bzw. dass tierliches Verhalten Ausdruck auch mentaler Zustände ist. Dies zeigt ein Durchgang durch die unterschiedlichen ethischen Ansätze im Hinblick auf den menschlichen Umgang mit Tieren.

Das Gegenmodell zu diesem Umgang wäre eine Abrichtung von Tieren, die auf einem Reiz-Reaktions-Schema basiert. Dieses Konzept behandelt die lernenden Wesen als »*black box*«. Aufgrund eines bestimmten Inputs, eines Reizes, ergibt sich ein bestimmter Output, eine Reaktion. Dieses behavioristische Lernmodell ist jedoch unzureichend. Sowohl bei Kleinkindern als auch bei höher entwickelten Säugetieren ist die außerordentliche Fähigkeit, höchst komplexe Lernprozesse aufgrund bestimmter wiederholter Interaktionen zu lernen, schwer zu erklären, wenn man nicht annimmt, dass sowohl Kleinkinder als auch höhere Säugetiere nicht nur auf Belohnung und Bestrafung im Sinne von Lust und Schmerz reagieren, sondern auch zustimmendes und ablehnendes Verhalten der Erwachsenen bzw. des Tierhalters oder Dompteurs etc. erkennen und versuchen, damit in Übereinstimmung zu bleiben.

Damit wird nicht bestritten, dass Zustimmung, Harmonie, Lob für Kleinkinder und höhere Säugetiere eine Belohnung darstellt, aber diese Belohnung ist vermittelt über die Wahrnehmung von Absichten und mentalen Zuständen der erziehenden bzw. dressierenden Person. Dem Kleinkind und dem höheren Säugetier müssen wir daher nicht nur einen vorsprachlichen Qualitätsraum, sondern darüber hinaus Wahrnehmung von Fremdpsychischem, Intentionalität und Rationalität zuschreiben.

Die Annahme eines gewissen Maßes praktischer Rationalität ist notwendig, um aufgrund äußerlich wahrnehmbaren Verhaltens mentale Zustände überhaupt erst zuschreiben zu können. Nur wenn man Verhalten als Ausdruck verfolgter Absichten verstehen kann, und dies setzt voraus, dass das entsprechende Wesen seine Handlungen so wählt, dass sie diesen Absichten angemessen sind, ist eine sprachliche und außersprachliche Verständigung möglich. Sprachliche Äußerung ist nur eine Form der Mitteilung von Absichten und Überzeugungen.

Insbesondere ist auffallend, dass gerade diejenigen, die zum Beispiel aus beruflichen Gründen einen intensiveren Umgang mit Tieren pflegen, in ihrem Mentalismus bestärkt werden. Mentalismus scheint eine unabdingbare Voraussetzung für einen erfolgreichen Umgang mit bestimmten Tieren zu sein.

»Das Schlimme ist, dass Tiere ja nicht reden können. Die können sich nicht beschweren. Die brauchen Menschen, die sich für sie einsetzen.«

Haben Tiere Rechte?

Sollten Tiere Rechte haben, wären diese zum Beispiel von einer grundlegend anderen Art als die paradigmatischen Individualrechte, wie sie unsere Verfassung und unsere Alltagsmoral anerkennen. Demokratische Partizipationsrechte haben jedenfalls keine Entsprechung im Tierreich. Aber auch Rechte, deren Wahrnehmung keine spezifischen kognitiven Fähigkeiten voraussetzt, können offensichtlich nicht in der gleichen Weise für Tiere geltend gemacht werden. Dies gilt etwa auch für Rechte von Kindern gegenüber ihren Eltern. Soziale Anspruchsrechte setzen die Teilhabe an einem etablierten und normativ gestützten System organisierter Solidarität voraus. Insbesondere gilt, dass individuelle Rechte als Instrument einer autonomen Lebensgestaltung, oder in anderer Formulierung als Kompatibilitätsbedingung äußerer Freiheit zur wechselseitigen Sicherung innerer Unabhängigkeit, keine direkte Entsprechung im Tierreich haben.

Andererseits gibt es nicht paradigmatische Anwendungsbereiche individueller Rechte, etwa bei juristischen Personen und Menschen, die zu einer eigenverantwortlichen Lebensführung nicht in der Lage sind, wie Kleinstkinder und geistig Behinderte. Ein starkes Argument für die Anerkennung von Rechten auch bei Tieren zieht seine Stärke aus Grenzfällen dieser Art. Typisch für diese Grenzfälle ist, dass individuelle Rechte nicht dadurch wahrgenommen werden, dass konkrete Wünsche unbeeinflusst von äußeren Interventionen erfüllt werden. Die Brücke zu den paradigmatischen Fällen lässt sich jedoch durch die Zuschreibung von Interessen schlagen. Sowohl juristische Personen wie Kleinstkinder und geistig Behinderte haben Interessen, die Außenstehenden nicht völlig unzugänglich sind.

Die Wahrnehmung dieser Interessen wird in Grenzfällen dieser Art in der Regel Treuhändern übertragen, deren Pflicht es ist, diese Interessen durch explizite und vom Recht geschützte Wunschäußerung zu realisieren. In den genannten Grenzfällen konstituieren sich individuelle Rechte in gewohnter Weise in Anspruchs- und Abwehrrechten, deren Inanspruchnahme aber einer dafür verantwortlichen Person übertragen ist.

Wenn wir auch in solchen Grenzfällen, in denen eine Treuhänderschaft nicht etabliert ist, individuelle Rechte zuschreiben, so ist diese Redeweise in Pflichten übersetzbar, die dem Umgang mit den betreffenden Trägern individueller Rechte auferlegt sind. Die Wahrnehmung von Rechten über die Äußerung von Wünschen ist in solchen Grenzfällen jedoch nicht mehr möglich, und damit entfällt ein zentrales Element desjenigen Teils der alltäglichen Moralsprache, der vom Begriff individueller Rechte Gebrauch macht. Ob diese Modifikation schon ausreicht, um die Rede von Rechten in eine moralische Sprache zu übersetzen, die ohne Rechtszuschreibungen auskommt, sei hier offengelassen. Dass diese ethische Reduktion außerhalb des paradigmatischen Anwendungsbereichs individueller Rechte erfolgversprechender ist, liegt jedoch auf der Hand.

Auch in den Grenzfällen der Rechtszuschreibung im menschlichen Bereich ist das Vorliegen von Interessen konstitutiv. Auch Tiere haben Interessen, zumindest dann, wenn man die antimentalistischen Argumente wie oben geschehen zurückweist. In der Art, wie Rechte in der menschlichen Gesellschaft die Möglichkeit zur autonomen Lebensgestaltung sichern sollen, so sollen tierliche Rechte ihre unbeeinträchtigte Lebensführung sichern.

»Ja, aber auch nicht schön ist, wenn Leute ihre Hunde aussetzen ... Dann werden sie überfahren oder verhungern!«

Tod und Schmerz bei Tieren

Die öffentliche Aufmerksamkeit konzentriert sich bei der Frage nach Tod und Schmerzen bei Tieren auf Tierversuche. Jährlich werden in der Bundesrepublik Deutschland rund zwei Millionen meldepflichtige Tierversuche durchgeführt, zu fünfzig Prozent an Mäusen, zu etwa fünfundzwanzig an Ratten, zu acht an Kaninchen und anderen Nagern, zu weiteren acht an Fischen, zu vier an Vögeln und zu eineinhalb Prozent an sonstigen Tieren, unter ihnen auch Katzen, Hunde und Primaten. Die Öffentlichkeit und das Tierschutzgesetz legen strenge Kriterien an die Zulässigkeit dieser Tierversuche an. Zugleich gibt es keine Genehmigungs-, ja nicht einmal eine Meldepflicht für den Einsatz von Schädlingsbekämpfungsmitteln, die in vielen Fällen zu einem qualvollen Tod von Kleinsäugern, insbesondere Mäusen und Ratten, führen.

In der öffentlichen Diskussion spielt aber der Aspekt des massenhaften qualvollen Todes von Tieren durch Gift und die Einschränkung ihrer natürlichen Lebensräume durch Straßenverkehr oder als Beute von Hauskatzen (man schätzt etwa hundertfünfzig Millionen Kleinsäuger und Vögel mit einer ähnlichen prozentualen Verteilung wie bei den Tierversuchen) keine Rolle, obwohl die Opfer wohlgenährter Hauskatzen oft großes Leid ertragen müssen.

Bei einer Kohärenzbetrachtung bedarf es der Zusammenschau von Schädlingsbekämpfung, Katzenbeute, Versuchstieren und insbesondere auch der Dimension der Nutztiere. zweihundertsiebzig Millionen Hühner werden in der Bundesrepublik Deutschland gehalten, davon der überwiegende Teil unter qualvollen Bedingungen. Da sind Missverhältnisse in der öffentlichen Debatte bei der Fokussierung auf Probleme der Tierethik entstanden, die wegen ihrer Inkohärenz zugleich Ausdruck von Irrationalität sind. Diese Inkohärenz schlägt sich auch in den gesetzlichen Bestimmungen, die für unseren Umgang mit Tieren relevant sind, nieder.

Kohärenz verlangt nach durchgängigen Kriterien für die verschiedenen Aspekte unseres Umgangs mit Tieren. Es ist weitgehend unumstritten und hat sich auch im geltenden Tierschutzrecht etabliert, dass ausschließlich das Leiden von Tieren für die moralische Beurteilung relevant ist. Das schmerzlose Töten als solches gilt als irrelevant, es unterliegt keinen ethischen oder juridischen Einschränkungen. Ausnahmen gelten natürlich für den Fall, dass damit in das Eigentumsrecht oder in andere Rechte eingegriffen wird.

Dies ist aus ethischer Sicht zumindest für solche Tiere problematisch, die auf die Zukunft gerichtete Präferenzen haben. Darüber hinaus stellt sich die Frage, ob nicht jedes Leben, das eine subjektive Welt entwickelt, einen intrinsischen, inneren Wert darstellt. Menschen und Tiere nehmen jedenfalls große Schmerzen auf sich, um ihr Leben zu retten. Während wir jedoch beim Menschen Schmerzzufügung mit dem Zweck der Lebensrettung in den meisten Fällen für gerechtfertigt halten, hält das Tierschutzrecht, aber halten auch viele Haustier- und Nutztierbesitzer die Tötung eines Tieres zur Schmerzvermeidung, selbst wenn die zu erwartenden Schmerzen eher mäßig ausfallen würden, für gerechtfertigt.

Diese Asymmetrie ist auffällig und zumindest für hoch entwickelte Säugetiere nicht überzeugend. Aber auch wenn wir uns auf die Frage der Legitimität von Schmerzzufügung bei Tieren beschränken, führt bei einer Kohärenzbetrachtung kein Weg daran vorbei, dass man vergleichbare Maßstäbe in unterschiedlichen Bereichen unseres Umgangs mit Tieren zugrunde legen muss. Das heißt, dass Schädlingsbekämpfung und der Umgang mit Versuchstieren, Nutztieren, Haus- und Wildtieren nach den gleichen Maßstäben der Legitimierung von Schmerzzufügung beurteilt werden müssen.

5.
Gerechtigkeit oder:
Warum es gerecht sein kann, dass das Eichhörnchen nur drei Nüsse bekommt und der Löwe fünfhundert

Wir sind wieder in der Gebeleschule. Der Engel hat heute sogar zwei Mützen über sein Gesicht gezogen und sieht wie ein mürrischer Pirat aus.

Heute wollen wir über das Thema »Gerechtigkeit« reden. Könnt ihr euch etwas darunter vorstellen?

Sofort gehen ein paar Hände in die Luft.

»Ungerecht ist es, wenn ich zum Beispiel in Mathe eine Zwei hab und mein Nachbar, der genau die gleichen Fehler hat, eine Eins bekommt.

Das wäre nicht gerecht«, sagt ein Junge mit dicken Brillengläsern.

»Oder mein Bruder kriegt zu Weihnachten ein Fahrrad geschenkt und ich einen alten Keks!«, wirft ein Junge ein.

Die Kinder lachen.

Ich verstehe. Heißt das, dass jeder immer gleich viel bekommen muss, damit es gerecht zugeht?.

Die Kinder denken nach, manche murmeln etwas zu ihrem Nachbarn. Dann meldet sich das blonde Mädchen mit den großen blauen Augen, das sich schon in der vorangegangenen Sitzung rege an der Diskussion beteiligt hat: »Also, wenn ein Eichhörnchen drei Nüsse bekommt

S. 139

und der Löwe fünfhundert, dann ist das nicht ungerecht, und zwar, weil der Löwe doch viel mehr braucht als ein Eichhörnchen.«

»Löwen essen keine Nüsse«, murmelt ein Junge mit einem Spiderman-T-Shirt.

Das Beispiel mit den Noten zeigt uns, dass es manchmal um »Leistungsgerechtigkeit« geht, also darum, die gleiche Leistung gleichermaßen zu bewerten. Das Beispiel mit dem Eichhörnchen und dem Löwen illustriert hingegen »Bedürfnisgerechtigkeit«, also dass es unter bestimmten Bedingungen gerecht sein kann, Güter ungleich zu verteilen. Könnt ihr mir noch andere Beispiele für Ungerechtigkeiten nennen?

»Die Jungs wollen immer nicht, dass wir Mädchen beim Fußball mitspielen. Die grenzen uns aus, und das finde ich schon ungerecht«, sagt ein Mädchen mit roten Haaren.

Und was genau ist daran ungerecht?

»Weil Mädchen die gleichen Rechte wie Jungs haben müssen«, sagt ein Junge mit einem Ringelpullover.

»Ja, aber wir wollen andere Spiele spielen als ihr!«, sagt der Junge mit der dicken Brille. »Und wenn wir gegeneinander Fußball spielen würden, dann würdet ihr immer gegen uns verlieren. Und das wäre dann auch nicht gerecht, oder?

Wäre es gerecht, wenn bei den olympischen Spielen

Sportlerinnen und Sportler in den einzelnen Disziplinen gegeneinander antreten müssten?

»Nein«, ruft ein Mädchen, »weil Frauen nicht so starke Muskeln haben wie Männer, deswegen wäre das unfair, die Männer würden immer die ersten Plätze belegen.«

Jungs und Mädchen sind also unterschiedlich, aber haben sie deshalb unterschiedliche Rechte?

»Nein!«, rufen die Kinder im Chor.

Ich gebe euch ein anderes Beispiel. Vor etwa fünfzig Jahren durften Frauen ohne Genehmigung ihres Mannes keine größere Summe Geld ausgeben, wusstet ihr das?

Die Kinder schütteln die Köpfe, manche lachen.

In Saudi-Arabien dürfen Frauen auch heute nicht Auto fahren. Ist das gerecht?

»Ich finde das total ungerecht«, sagt ein Mädchen mit langen Zöpfen.

»Mein Papa kommt aus Riad«, sagt ein dunkelhaariges Mädchen, »und meine Oma und meine Cousins wohnen da, und meine Mama darf dann dort auch nicht fahren. Aber das macht ihr nichts aus, weil dann eben der Papa fahren muss. Da ist es einfach anders als hier.«

Glaubt ihr, es gibt Rechte, die überall gelten, und Rechte, die man nur an manchen Orten hat?

»Also, Kinder zum Beispiel, die darf man nirgendwo klauen!«, meint ein kleiner Junge, während er sich am Kopf kratzt.

»Genau«, sagt sein Nachbar, »und niemand darf jemandem etwas wegnehmen!«

»Oder wehtun!«, ruft ein Mädchen.

Kommen wir zu deinem Beispiel zurück, dass die Jungs die Mädchen beim Fußballspielen nicht mitmachen lassen. Was genau ist daran ungerecht?

»Na ja, dass einige eben nicht das machen dürfen, was die anderen machen. Und das ist doch ungerecht!«, sagt der Junge mit dem Ringelpullover.

Das ist nicht nur ein Problem, das bei euch auftritt. Auch unter Erwachsenen ist das Ausgeschlossensein ein Problem. In unserer Stadt zum Beispiel gibt es Menschen, die sind zu arm, um das zu tun, was andere tun können. Sie können zum Beispiel nicht ins Kino gehen, auch nicht ins Theater oder in ein Konzert. Ein Aspekt von Gerechtigkeit ist also die Einbeziehung von allen. Jürgen Habermas, ein Philosoph, der in Starnberg, also ganz in der Nähe von München wohnt und recht bedeutend ist, hat darüber ein Buch geschrieben, das trägt genau diesen Titel: *Die Einbeziehung des Anderen.* Aber jetzt frage ich euch: Wie ist das, wenn ein Junge aus eurer Klasse Geburtstag feiert und nur ein paar seiner Schulkameraden einlädt und nicht die ganze Klasse? Da grenzt er ja auch viele aus. Ist das ungerecht?

S. 140

Die Kinder heben sofort ihre Hände.

»Beim Geburtstag ist das was anderes«, sagt ein dunkelhaariges Mädchen bestimmt. »Da ist es doch sein Geburtstag, und da darf er einladen, wen er will.«

Aber wo ist der Unterschied? Was ist daran anders? Wie ist es zum Beispiel, wenn jemand einen Klub gründet und sagt: Da will ich jetzt nur Leute drinhaben, die gut Bergsteigen können, weil wir mit dem Klub Ausflüge in die Berge machen wollen! Ist das gerecht?

»Also, wenn er Leute mit aufnimmt, die nicht so gut im Bergsteigen sind, aber trotzdem Lust dazu haben, dann schon«, sagt ein blonder Junge in einer blauen Trachtenjacke.

Und was ist, wenn er sagt: Nein, das ist mein Club, und da will ich niemanden dabeihaben, den ich nicht mag.

»Dann ist es ungerecht«, sagt der blonde Junge.

»Nein, der kann doch machen, was er will. Ist doch wie beim Geburtstag!«, sagen einige.

Was meint ihr: Ist es gerecht, wenn ein Sechsjähriger in die vierte Klasse geht?

Die Kinder prusten los. Anscheinend finden sie gerade diese Vorstellung besonders unterhaltsam.

Der Junge mit dem Ringelpullover reagiert empört: »Nein, das geht überhaupt nicht! Dafür ist der doch viel zu doof!«

Die Kinder lachen erneut.

»Ja, aber manchmal gibt es Kinder, die sind so schlau, und dann ist es doch gerecht«, sagt ein Mädchen.

Okay, das ist ein besonderer Fall. Aber was ist, wenn eure Rektorin sagt: Ab sofort dürfen nur noch die braunhaarigen Kinder in die Schule, die anderen nicht!

Die Kinder sind sich einig, dass das überhaupt nicht geht und eine ziemlich sinnlose Regelung wäre.

Warum ist das ungerecht?

»Das wäre doch ein total doofer Grund«, ruft das Mädchen mit den großen blauen Augen, »ob jemand braune oder blonde Haare hat, das sagt doch gar nichts darüber aus, wie man als Mensch ist!«

S. 141

Da gebe ich dir recht, das wäre kein guter Grund. Kann man also sagen, dass die Ungerechtigkeit eine Ausgrenzung ohne einen guten Grund bedeutet?

Die Kinder nicken.

Was wären denn weitere Gründe, die nicht gut sind?

Die Kinder melden sich und lassen ihrer Phantasie freien Lauf.

»Wenn nur Kinder mit langen Nasen in die Schule gehen dürften!«

»Oder nur die, die Hänschen klein rückwärts singen können!«

Die Kinder lachen.

Man nennt so etwas »Diskriminierung«. Habt ihr das Wort schon mal gehört?

Ein dunkelhäutiger Junge meldet sich: »Also, meine Mama ist aus Brasilien, und unsere Vorfahren waren Sklaven aus Afrika, und die wurden früher total diskriminiert. Sie mussten immer Zuckerrohr herstellen. Das war die härteste Arbeit überhaupt.«

Und ist das heute auch noch so?

»Nein, eigentlich nicht. Nur die Schwarzen, die in den Favelas leben, denen geht es richtig schlecht. Die haben Häuser aus Pappe und nichts zu essen. Sie werden immer ausgegrenzt, weil niemand zu ihnen hin will. Deshalb müssen sie die Reichen ausrauben und so.«

»Aber ich finde, wenn jemand andere ausraubt, dann muss der schon ausgegrenzt werden«, wirft ein rothaariges Mädchen ein.

Wenn deine Lehrerin kommt und sagt, ich sperre dich jetzt zwei Wochen ein, bei Wasser und Brot, damit du besser schreiben lernst. Wäre das okay?

Die Kinder lachen. »Nein«, schreien sie im Chor.

Warum nicht?

»Weil das nicht geht, deshalb!«, ruft ein kleiner Junge in der ersten Reihe.

Wisst ihr eigentlich, was Sklaven sind?

»Ja, das waren die, die immer ausgepeitscht wurden und diese schweren Steine schleppen mussten für die Pharaos mit ihren Pyramiden«, sagt ein Junge mit schulterlangen blonden Haaren.

Sklaven gab es schon in der Antike. Und dann auch noch im 19. Jahrhundert in Amerika, das ist gar nicht so lange her. Sie wurden auf dem Markt verkauft und gehörten dann jemandem. Ist das gerecht?

Die Kinder sind sich einig, dass das überhaupt nicht gerecht ist.

Aber warum eigentlich? Jemand hat doch für sie bezahlt, also kann man doch sagen, dass sie einem gehören, oder?

»Nein!«, sagt das Mädchen mit den großen blauen Augen. »Ein Mensch kann doch nicht gekauft werden wie ein Stück Brokkoli!«

S. 137

Und warum nicht?

»Weil er nur sich selber gehört!«, antwortet das Mädchen. »Also, man kann sich sogar von einem Felsen runterstürzen, wenn man will.«

Halten wir einmal fest: Es gibt zwar das Eigentumsrecht, aber in diesem Fall ist das Recht auf das eigene Leben, das Recht auf Selbstbestimmung größer. Das Recht auf das eigene Leben gehört zu unseren Grundrechten. Wisst ihr eigentlich, was das Grundgesetz ist?

Die Kinder nicken zögerlich.

Alle Gesetze, die in unserem Staat für uns gelten, beruhen auf sogenannten Grundrechten. Zu diesen gehören zum Beispiel das Recht auf körperliche Unversehrtheit, also das uns niemand wehtut, und auch das Recht auf Selbstbestimmung. Aber wie ist es nun mit den Gefängnissen? Da werden doch Menschen eingesperrt. Verstößt das nicht gegen das Grundrecht auf Selbstbestimmung?

Die Kinder melden sich aufgeregt.

»Ja, aber da ist es doch gerecht, weil sie für was Böses bestraft werden, das sie gemacht haben«, sagt ein Mädchen in der letzten Reihe.

»Genau, und wenn man sie einsperrt, dann können sie auch nicht weiterklauen«, ruft der Junge in der blauen Trachtenjacke.

»Und dann haben die anderen Angst, dass sie auch ins Gefängnis müssen, und hören auf zu klauen.«

»Und wenn sie eingesperrt sind, dann haben sie Zeit zum Nachdenken, und vielleicht kommen sie dann drauf, dass das total blöd ist mit dem Klauen und so«, sagt der Junge mit dem Spiderman-T-Shirt.

Das heißt, wir müssen gute Gründe dafür haben, jemanden einzusperren. Das unterscheidet die Leute, die in Gefängnissen eingesperrt sind, von denen, die irgendein Räuber einfach eingesperrt hat. Aber wir müssen es schon gut begründen, bevor wir jemanden ins Gefängnis schicken. Deshalb gibt es eine Gerichtsverhandlung, damit all diese Gründe hervorgebracht und abgewogen werden können. Jetzt habe ich noch eine Frage für euch. Was würdet ihr dazu sagen: Darf sich jeder von den Klippen stürzen, wenn er Lust hat?

Die Kinder sind sich uneins.

»Also, man darf immer selbst bestimmen, was man mit seinem Leben macht. Das Leben gehört einem doch!«

»Ja, aber mein kleiner Bruder zum Beispiel, der wollte sich, als wir in der Bretagne im Urlaub waren, andauernd von den Felsen stürzen, da musste die Mama ihn immer festhalten. Der darf das nicht bestimmen, weil er doch gar nicht weiß, was er tut!«

»Aber wenn man groß ist und weiß, was man tut, dann darf man das schon, weil man dann für sich selber verantwortlich ist«, sagt der Junge mit den schulterlangen blonden Haaren.

Könnte man sagen, dass mit zunehmendem Alter zwar die Verantwortung, aber auch die Rechte zunehmen?

Die Kinder nicken.

»Ich darf jetzt auch mehr machen als mein kleiner Bruder. Zum Beispiel darf ich mal mit meinen Eltern abends einen Film sehen und so, aber dafür erwarten meine Eltern auch mehr von mir, also zum Beispiel, dass ich vernünftiger bin als der Jonas.«

»Ich finde das jedenfalls total doof, sich von einem Felsen zu stürzen«, sagt ein Junge mit einem breiten Grinsen.

Dann kann es also sein, dass etwas unvernünftig ist, aber man trotzdem das Recht hat, es zu tun? Was meint ihr?

Die Kinder denken nach.

Wie ist das mit dem Sicherheitsgurt? Den muss man anziehen, sonst wird man bestraft. Ist das gerecht?

»Also, wenn man das nicht macht, dann piept es ganz laut«, sagt der Junge mit dem Ringelpullover, »meine Mutter ist

dann total genervt und sagt immer: ›Ja, ja, jetzt gib schon Ruh, du Depp‹«.

Ist das gerecht, dass wir gezwungen werden, den Gurt anzuziehen?

»Ja, schon«, sagt das Mädchen mit den roten Haaren, »weil wir uns sonst wehtun können.«

»Hm, eigentlich nicht«, sagt ein Junge mit einem blonden Pagenkopf nachdenklich.

Und warum nicht?

»Weil das meine eigene Entscheidung ist, ob ich mir weh tue oder nicht«, antwortet er.

Wie sieht es denn mit Gerechtigkeit und Ungerechtigkeit in unserer Gesellschaft aus? Habt ihr ein paar Beispiele für Ungerechtigkeiten?

Die Kinder sind unsicher, was »Ungerechtigkeiten in der Gesellschaft« bedeuten.

Schließlich meldet sich ein dunkelhaariger Junge.

»Bei mir um die Ecke ist so ein Haus, das ist so hässlich und grün und gelb angemalt, da möchte ich nicht drin wohnen. Meine Mama hat gesagt, das ist für Leute, die nicht so viel Geld haben. Aber das finde ich total ungerecht, dass sie in so hässlichen Häusern wohnen müssen.« S. 135

Also könnte man sagen, dass da der Staat oder die Stadt ungerecht ist?

»Ja«, sagt der Junge, »weil die doch schönere Häuser bauen könnten, finde ich.«

Wer entscheidet denn darüber, was in der Stadt passiert?

»Der Bürgermeister!«, rufen die Kinder.

»Und der macht immer, wozu er gerade Lust hat«, sagt ein Mädchen in der ersten Reihe.

»Nein, der darf auch nicht alles machen, was er will. Da ist nämlich so ein Parlament oder so, und die dürfen auch mitbestimmen«, sagt der Junge mit dem schulterlangen Haar.

Das nennt man den Stadtrat, und diese Versammlung entscheidet am Ende darüber, was die Verwaltung tut. Aber wer wählt denn den Bürgermeister und die Stadträte?

»Unsere Eltern!«, ruft ein Junge aus der vierten Klasse.

Und wer gibt der Stadt das Geld, damit sie Straßen und Häuser und andere Dinge bauen kann?

»Wir. Und ich weiß auch warum!«, ruft derselbe Junge, »Weil die, die wählen, auch Steuern zahlen.«

So ganz stimmt das nicht. Viele Ausländer, die hier wohnen und Steuern zahlen, dürfen hier nicht wählen.

Die Kinder sind verwundert. »Warum denn nicht?«, fragen sie.

»Vielleicht wollen sie nicht, dass sie hier wählen und woanders auch wählen«, sagt ein Junge.

»Aber gerecht finde ich das nicht«, antwortet das Mädchen mit den großen blauen Augen.

»Also wenn ich Politikerin wäre«, sagt sie in einem entschiedenen Ton, »dann würde ich nie solche hässlichen Häuser bauen, und ich würde auch dafür sorgen, dass alle was zum Essen haben und ins Theater gehen können.«

Die Kinder stimmen ihr zu.

»Und ich würde immer Hitzefrei geben. Und im Winter Kältefrei!«, sagt der Junge mit dem Spiderman-T-Shirt. »Das wäre doch echt gerecht!«

Die Kinder lachen. Dann ist die Stunde um.

Der Engel draußen hat jetzt nur noch eine Mütze auf und sieht so aus, als sei er wieder ganz guter Laune. Er ist ein geduldiger Engel. Er weiß: Irgendwann kommen die Besitzer der Mützen und Schals. Spätestens dann, wenn es draußen schneit und ihnen kalt wird. Dann verlassen wir die Schule.

Gerechtigkeit

Die Frage nach der Gerechtigkeit ist eine der ältesten in der Philosophie. Für Platon, den großen Denker der griechischen Klassik, steht sie im Zentrum seiner wichtigsten Schrift, der *Politeia*. Auch der zeitgenössische Gerechtigkeitstheoretiker John Rawls, der mit seinem epochalem Werk *Eine Theorie der Gerechtigkeit* (1971) die philosophische Diskussion um diese Frage erneuerte, hält Gerechtigkeit für die oberste Tugend der Politik und der staatlichen Institutionen. Demnach wird eine demokratische Gesellschaft durch einen gemeinsamen Gerechtigkeitssinn zusammengehalten, der die unterschiedlichen kulturellen Herkünfte, die unterschiedlichen Lebensformen und Traditionen in der multikulturellen Demokratie vereint. Er prägte den Begriff des *overlapping consensus,* wonach es eine Übereinstimmung in den politischen, den öffentlichen Angelegenheiten geben muss, die mit den unterschiedlichen kulturellen und religiösen Werten und Normen in der Gesellschaft vereinbar ist.

Der entscheidende Unterschied zwischen antiken und modernen Gerechtigkeitstheorien liegt in der Rolle der Gleichheit. Man kann sagen, dass die politische Moderne mit zwei Postulaten, zwei grundlegenden Forderungen, beginnt: Die

Freiheit und die Gleichheit aller Menschen. Eine gerechte Ordnung muss demnach jeder einzelnen Person gegenüber gerechtfertigt werden können, es gibt keine naturgegebene Herrschaft. Aber auch die modernen Theoretiker haben sich schwergetan, das Gleichheitspostulat zu Ende zu denken. Es hat lange gedauert, bis die Unrechtmäßigkeit der Sklaverei und der Unterdrückung der Frauen allgemein anerkannt wurde.

»Bei mir um die Ecke ist so ein Haus, das ist so hässlich und grün und gelb angemalt ... das ist für Leute, die nicht so viel Geld haben. Aber das finde ich total ungerecht, dass sie in so hässlichen Häusern wohnen müssen.«

Demokratie und Gerechtigkeit

Die Politik und die Gesetzgebung konkretisieren immer wieder aufs Neue, was das Gleichheitspostulat für die Gerechtigkeit bedeutet. Viele dieser Konkretisierungen bleiben umstritten. Verlangt das Gleichheitspostulat eine gleiche Repräsentanz von Frauen und Männern in Spitzenpositionen, rechtfertigt es gar umgekehrte Diskriminierung? Hat die Politik die Aufgabe, unterschiedlichen Präferenzen und Lebensstilen von Frauen und Männern entgegenzuwirken, indem sie für eine gleiche Repräsentanz von Männern und Frauen in allen Berufen und Positionen sorgt? Ist es ungerecht, wenn bei Männern das berufliche Engagement mit zunehmender Kinderzahl wächst und bei Frauen zurückgeht? Ist es gerecht, wenn Angehörige von Minderheiten bevorzugt werden, auch wenn ihre Leistungen geringer sind, um Gleichheit zu realisieren?

Wie immer man diese und ähnliche Fragen beantwortet: Im Zentrum der politischen Gerechtigkeit steht die Idee der Gleichheit als Bürger eines Staates. Zu dieser Gleichheit gehört die Gleichheit vor dem Gesetz, gehört das gleiche aktive und passive Wahlrecht, aber auch die gleichen Beteiligungschancen aller Bürgerinnen und Bürger, was zum Beispiel voraussetzt, dass der Staat für entsprechende, allgemein zugängliche Bildungsangebote sorgt und verhindert, dass einzelne Gruppen der Bevölkerung aufgrund ihrer sozio-ökonomischen Lage an den Rand gedrängt werden, sich am kulturellen, sozialen und politischen Leben der Gemeinschaft nicht mehr beteiligen. Dieses Postulat politischer Gerechtigkeit kann man als das der demokratischen Gleichheit bezeichnen. Bei allen Unterschieden an Begabung, Bildung, Einkommen und Vermögen sollten die Bürgerinnen und Bürger gleichen Respekt erfahren und gleiche politische Partizipationschancen haben.

Kompensation »natürlicher« Ungleichheiten

Ein besonderes Problem für die Gerechtigkeit stellt die Lotterie der Natur und der Herkunft dar. Menschen werden mit ungleichen Anlagen geboren, und sie wachsen unter ungleichen Bedingungen auf. Ist es ein Gebot der Gerechtigkeit, dass diese »Lotterie der Natur« durch Gesetzgebung und Politik ausgeglichen wird? Der Leistungssport bietet dazu interessantes Anschauungsmaterial. In den meisten Disziplinen konkurrieren Männer nicht mit Frauen, da diese sonst wenige Chancen hätten. Ebenso wird bei der Nachwuchsförderung auf das Alter geachtet, um Chancengleichheit herzustellen. Im Behindertensport wird nach unterschiedlichen Schweregraden der Behinderung eingeteilt etc. Dennoch würde es geradezu bizarr anmuten, wenn die Gesellschaft die Bemühung unternähme, alle Benachteiligungen zu kompensieren. Wenn es stimmt, das groß gewachsene und gut aussehende Menschen Vorteile in der Konkurrenz um Positionen und Partnerwahl haben, müsste dann kleineren und weniger gut aussehenden Menschen eine Ausgleichszahlung oder andere kompensatorische Maßnahmen eingeräumt werden? Oder sollte man Kindern aus Einwandererfamilien einen Notenbonus geben? Am Ende würden nur diejenigen Ungleichheiten als gerecht gelten, die Ergebnis unterschiedlicher Anstrengungen, unterschiedlichen Engagements und Einsatzes sind. Aber ließe sich nicht auch im Hinblick auf die eigene Leistungsbereitschaft sagen, dass diese von der Lotterie der Natur und der sozialen Herkunft beeinflusst ist?

»Ein Mensch kann doch nicht gekauft werden wie ein Stück Brokkoli! … Weil er nur sich selber gehört!«

Ein libertärer Ansatz

Einem überzogenen Egalitarismus, einer übermäßigen Betonung von Gleichheit, wie er etwa von Ronald Dworkin vertreten wird, steht der libertäre Ansatz eines Robert Nozicks entgegen. Demnach gilt das Prinzip, dass jeder Mensch Eigentümer seiner selbst ist. Jeder hat das Recht, über seinen Körper, seine geistigen Fähigkeiten und Anlagen nach eigenem Gutdünken zu verfügen (*self-ownership*). Entsprechend kommt jedem das Recht zu, die Vorzüge der eigenen Leistungsfähigkeit zu genießen. Umverteilungen, um ein höheres Maß an Gleichheit zu sichern, wären demnach ungerecht.

Zwischen diesen beiden Extrempositionen des Egalitarismus und des Libertarismus stehen die sogenannten Non-Egalitarier. Sie sind der Meinung, dass die ganze Debatte um Gleichheit unbegründet ist, dass die Gerechtigkeit verlangt, allen gleichermaßen ein menschenwürdiges Leben zu ermöglichen, insbesondere die Menschenrechte für alle zu sichern. Es geht also um Unterstützung für diejenigen, die ohne Hilfe kein menschenwürdiges Leben realisieren können. Darüber hinaus gibt es keine Verpflichtung, für Gleichheit zu sorgen, ja, radikale Vertreter dieser Position meinen, dass Gleichheit keinen Wert an sich darstellt. Eine Vertreterin dieser Position ist beispielsweise Angelika Krebs.

Gerechtigkeitskonzeptionen, die das Gleichheitspostulat aufgeben, geraten allerdings in einen tiefen Konflikt mit den Rechtsnormen der Demokratie. Das Gleichbehandlungsgebot ist in demokratischen Institutionen tief verankert, und es ist ein zentrales Element der Demokratie, dass ihre Bürgerinnen und Bürger gleiche Rechte haben und nicht lediglich ein gleiches Minimum an Rechten.

»Also, wenn ein Eichhörnchen drei Nüsse bekommt und der Löwe fünfhundert, dann ist das nicht ungerecht, und zwar, weil der Löwe doch viel mehr braucht als ein Eichhörnchen.«

Bedürfnis- oder Ressourcengerechtigkeit

In der praktischen Philosophie der Gegenwart gibt es eine intensive Debatte um die Frage, ob sich Gerechtigkeit an den Bedürfnissen zu orientieren hat oder an ihren Ressourcen. Erst einmal scheint alles für Bedürfnisgerechtigkeit zu sprechen. Auch in dem Gespräch mit den Kindern kommt das zum Ausdruck, aber wie ist es mit der verwöhnten Dame, die unglücklich ist, wenn sie nicht jede Woche eine Flasche Dom Perignon Jahrgang '71 zur Verfügung hat, oder mit einem Kind, das das zweite Fahrrad haben möchte oder eine weitere Playstation?

Aber auch wenn man Luxusbedürfnisse ausschließt, führt die Berücksichtigung der jeweils unterschiedlichen Bedürfnisse zu Ungerechtigkeiten. Schließlich möchte man keinen Anreiz geben, mit vorhandenen Mitteln verschwenderisch umzugehen. Bescheidene Menschen würden bei reiner Bedürfnisgerechtigkeit bestraft.

Für Ressourcengerechtigkeit spricht aber auch, dass sich das Recht und die Politik nicht in das Leben des Einzelnen einmischen sollen. Was die einzelnen Menschen jeweils aus ihren verfügbaren Mitteln machen, sollte diesen selbst überlassen bleiben. Um Bedürfnisse festzustellen, bedürfte es »gläserner Menschen«. Reine Ressourcengerechtigkeit allerdings würde uns wohl ebenfalls ungerecht erscheinen, insbesondere wenn die »Lotterie der Natur« Menschen benachteiligt, zum Beispiel in Form körperlicher oder geistiger Behinderungen. Es wäre ungerecht, diese nicht wenigstens teilweise auszugleichen, also auf die besonderen Bedürfnisse dieser Menschen Rücksicht zu nehmen.

»... da ist es doch sein Geburtstag, und da darf er einladen, wen er will.«
Universelle Gerechtigkeit

Eine schwierige Frage ist, inwieweit die Inklusion, die Einbeziehung und Beteiligung von Menschen, ein Gebot der Gerechtigkeit ist. Wir sind uns einig darin, dass manche Ausschließung ungerecht ist. Im Gespräch mit den Kindern gab es dafür einige Beispiele. Dennoch würden wir es zum Beispiel Vereinen zugestehen, dass sie selbst darüber entscheiden, ob sie zusätzliche Mitglieder aufnehmen, vielleicht obliegt es dem Vorstand, über die Aufnahme jedes einzelnen Mitglieds zu entscheiden, ohne dass dieser Rechenschaft darüber ablegen muss. Ja, es ist sogar ganz wesentlich für kulturelle und andere Gemeinschaften, dass sie selbst entscheiden können, wer dazugehört. Es ist kein Gebot der Gerechtigkeit, dass ich mich mit jedem Kind aus meiner Klasse anfreunde.

Der Kommunitarismus, eine jüngere Strömung aus den USA, dem zum Beispiel Alasdair MacIntyre und Michael Walzer angehören, betont, wie wichtig die Zugehörigkeit zu Gemeinschaften für die Moral ist. Er hat auf dieses Spannungsverhältnis zwischen Gerechtigkeit und Gemeinschaft hingewiesen. Es kommt also auf die Kriterien an, nach denen ausgeschlossen wird, sind diese diskriminierend oder nicht, und es kommt auf die Art der Gemeinschaft an, in der eventuell niemand ein Recht auf Freundschaft hat. Gemeinschaften beziehen ihre Identität aus einer geteilten Praxis, die sie von anderen Gemeinschaften unterscheidet.

Die Frage ist, wie groß der Spielraum unterschiedlicher Gemeinschaftsidentitäten ist. Ab wann verletzen kulturelle Praktiken universelle Rechte, zum Beispiel das der Gleichberechtigung von Mann und Frau? Unterschiedliche Kleidungsgewohnheiten sind mit Gleichberechtigung vereinbar. Ob Kopftuch, Schleier oder gar Burka als Kleidungsvorschrift für Frauen mit Gleichberechtigung vereinbar ist, ist zumindest umstritten. Gebieten es der Respekt gegenüber unterschiedlichen kulturellen Prägungen und die Gleichbehandlung verschiedener Religionsgemeinschaften, dem erhöhten Schamgefühl muslimischer Mädchen dadurch Rechnung zu tragen, dass diese vom gemeinsamen Sportunterricht mit Jungen befreit sind? Oder verbietet die Erziehung zur Gleichberechtigung eine solche Sonderbehandlung?

»… ob jemand braune oder blonde Haare hat,
das sagt doch gar nichts darüber aus,
wie man als Mensch ist!«

Vernunft und Gerechtigkeit

Die Verkoppelung von Freiheit und Gleichheit ist in dem Sinne eine humanistische, als dem Menschen zuerkannt und zugemutet wird, dass er sich von Gründen leiten lässt – theoretischen Gründen für Überzeugungen und praktischen Gründen für Handlungen, ja, darüber hinaus erwarten wir, dass auch unsere moralischen Gefühle von Gründen geleitet sind. Diese besondere Fähigkeit, sich von Gründen leiten zu lassen, macht die spezifische Würde von Menschen aus, und die angemessene normative Haltung ist die des gleichen Respekts, der gleichen Freiheit.

Die Gleichheit vor dem Gesetz ist nur ein Aspekt dieser fundamentalen Norm. Jede staatliche Verteilungsinstanz, die ohne Grund ungleich verteilt, verletzt die Selbstachtung Einzelner. Sofern der Staat oder auch Unternehmen – oder Instanzen des dritten Sektors – Ressourcen, Wohlfahrt, Chancen oder anderes verteilen, haben sie diese gleich zu verteilen. Nicht, weil die Gleichverteilung besser ist, sondern weil jedes einzelne Individuum gleichen Respekt verdient. Dieser Universalismus ist unverzichtbar, um Menschlichkeit politisch, wirtschaftlich und sozial zu realisieren.

6.
Menschlichkeit oder:
Warum Menschen mehr sind als nur Zweibeiner ohne Federn

Wir sind erneut in der Gebeleschule. Es ist mitten im Winter, und der Engel hat diesmal eine blaue Mütze auf und mindestens drei bunte Schals um seinen Hals gewickelt. Die Kinder sind bereits in dem Raum, der sich »Weltenwunderland« nennt, und warten auf uns. Wir kommen herein, und die Kinder begrüßen uns freundlich.

Heute wollen wir uns über das Thema »Menschlichkeit« unterhalten. Was würdet ihr sagen, ist überhaupt mit dem Wort »menschlich« gemeint?

»Also, wenn mein Bruder mir meinen Powerball klaut, dann ist das echt unmenschlich!«, sagt ein großer blonder Junge mit einer langen Strähne im Haar.

Die anderen Kinder lachen.

»Oder wenn man Spaghetti nur mit dem Löffel isst und sich die Hände nachher am Tischtuch abputzt!«, wirft sein Nachbar sein.

»Das ist auch echt unmenschlich!«

»Unmenschlich ist aber auch, wenn jemand aus dem Sheraton-Hochhaus springen und wie ein Adler fliegen würde!«, sagt ein kleines Mädchen mit kurzen braunen Haaren.

»Das wär aber vor allem dumm!«, ruft ein Mädchen.

»Oder wenn jemand sagt, er hat ein Buch mit tausend Seiten gelesen, das geht nämlich gar nicht!«, erklärt ein kleiner Junge mit braunen Locken.
Das blonde Mädchen mit den großen blauen Augen dreht sich zu dem Jungen um und sagt: »Es gibt aber so dicke Bücher, und die kann man schon lesen!«
»Also ich finde Mörder-Sein unmenschlich!«, meint ein Mädchen in einem lila Pulli.

Dann frage ich jetzt einmal umgekehrt. Was ist denn menschlich?

»Da gibt es doch diesen Spruch ›Irren ist menschlich‹?«, sagt ein kleines Mädchen in der ersten Reihe zaghaft.
»Jeder, der halt normal ist, der ist menschlich!«, sagt ein Junge in der ersten Reihe entschieden.

Was ist mit einem Spitzensportler? Einer, der allen davonläuft oder höher springt als alle anderen Menschen auf der Welt, der macht doch auch Dinge, die nicht ganz normal sind. Ist der dann unmenschlich?

Die Kinder denken nach.
»Na ja, das ist eben seine Gabe, das kann er halt nur so gut!«, meldet sich ein Junge mit einem Käppi.
»Genau, und jeder hat ja eine Gabe!«, bestätigt seine Nachbarin.

Was ist menschlich? Wir hatten den Vorschlag, das mit »normal« zu erklären, aber da hatten wir das Problem mit dem Spitzensportler. Wer hat einen Vorschlag: Was ist also menschlich?

»Vielleicht etwas, was alle Menschen gemeinsam haben?«, schlägt ein Mädchen vor.

Zum Beispiel?

»Lesen!«, »Essen!«, »Pippi machen!«, werfen die Kinder ein und kichern

Das tun aber Elefanten auch!

»Denken!«, schlägt ein Junge in einem schwarzen T-Shirt vor. »Und sprechen!«, fügt er noch hinzu.

»Aber Tiere sprechen doch auch«, sagt ein Mädchen in einem weißen Glitzer-T-Shirt.

Was meint ihr, können Tiere sprechen? Wer meint Ja?

Wer meint Nein?

Die Kinder stimmen ab. Eine Mehrheit meint Ja.

»Also, die Tiere unterhalten sich doch!«, sagt ein Junge.

Habt ihr ein Beispiel?

»Die Tiger haben ihre Tigersprache und die Affen die Affensprache, und die Delfine, die sprechen auch!«, erklärt ein Mädchen mit dünnen braunen Haaren, »Und zwar mit so hohen Tönen!«, fügt sie hinzu.

Bienenforscher haben herausgefunden, dass Bienen sich untereinander zeigen, wo besonders schöne Blüten zu finden sind. Wenn sie in einer bestimmten Frequenz und Richtung fliegen, heißt das zum Beispiel rechts entlang, und wenn sie in einer anderen Frequenz fliegen: links entlang. Kann man jetzt sagen, dass sie sich miteinander unterhalten?

»Na ja, verstehen tun die sich schon …«, sagt ein Junge zaghaft.

»Die Papageien, die sprechen schon die Menschensprache«, sagt ein Mädchen mit grünen Augen.

Kann man sich mit einem Papagei unterhalten?

»Nee, der plappert doch nur alles nach«, sagt das Mädchen mit den langen glatten Haaren.

Wo ist der Unterschied?

»Der Papagei weiß doch gar nicht, was er sagt!«

»Ich glaube, das ist so was wie ein Instinkt. So wie bei meiner Katze. Die konnte sofort Mäuse jagen, obwohl ihr das niemand beigebracht hatte.«

Die Sprache, die sprachliche Verständigung ist jedenfalls für uns Menschen von besonders großer Bedeutung im Vergleich zu Tieren. Kein Tier spricht eine Sprache, die so reichhaltig ist wie unsere. Wir können uns über unserer Gefühle austauschen, Wünsche äußern, um etwas bitten, etwas versprechen, eine Geschichte erzählen, Freundschaft schließen usw. Das können Tiere nicht. Eine Sprache zu sprechen, sich mit Worten zu verständigen scheint etwas typisch Menschliches zu sein.

Was fällt euch noch ein? Was ist typisch menschlich?

»Also …«, versucht es das Mädchen mit den großen blauen Augen, »wenn die Menschen was sagen, dann wissen sie, warum sie es sagen. Sie sagen es nicht nur einfach so.«

Die Kinder nicken zustimmend.

Können wir uns darauf einigen, dass es menschlich ist, Absichten zu haben und Ziele zu verfolgen, für das eigene Tun Verantwortung zu übernehmen, sich zu überlegen, was man morgen und übermorgen macht?

S. 153

Die Kinder nicken erneut.

Was können wir denn noch, was Tiere nicht können?

»Wir stellen Dinge her, haben Fabriken und so, das haben Tiere nicht!«, sagt das Mädchen mit den grünen Augen.

»Und die Menschen haben auch kein Fell!«, ruft ein Junge mit einem Spiderman-T-Shirt.

»Haben Fische auch nicht!«, zischt seine Nachbarin.

Es gab da einmal den Versuch des Philosophen Platon, den Menschen als »federloses, zweibeiniges Wesen« zu beschreiben. Daraufhin warf ein anderer Philosoph, nämlich Diogenes, Platon ein Huhn in den Hof, dem er vorher die Federn ausgerupft hatte. Da war wohl klar, dass diese Definition nicht brauchbar war.

Die Kinder lachen. Ein nacktes Huhn, das in einem Hof herumrennt, finden sie sichtlich komisch.

»Tiere können auch nicht planen. Eine Katze sagt nicht: Was mache ich nächsten Sonntag? Ach da könnte ich doch eine Maus zum Frühstück fangen!«, sagt der Junge mit der blonden Strähne.

Einige Kinder lachen.

»Aber Vögel, die bauen doch ein Nest, und zwar bevor sie Kinder haben. Da kann man doch sagen, dass sie planen, oder?«, fragt ein Mädchen mit braunen Augen.

Was meint ihr? Ist das ein Instinkt oder überlegen sie sich das und entscheiden dann, mit dem Bauen anzufangen?

Die Kinder sind sich ziemlich einig darüber, dass auch das Nestbauen der Vögel ein Instinkt ist.

Also können wir sagen, das Denken spielt für Menschen eine wichtigere Rolle als für Tiere.

Die Kinder nicken.

»Wir haben ja auch Mathematik!«, sagt ein Junge im gelben T-Shirt.

»Und die Philosophie!«, sagt das Mädchen mit den großen blauen Augen.

Welche Rolle spielen Menschen für andere Menschen?

»Menschen können sich untereinander helfen«, erklärt ein Mädchen. »Und sich auch mal gegenseitig die Meinung sagen.«

»Also Tintenfische essen ihre Kinder, das hab ich mal wo gelesen«, sagt ein Junge mit Sommersprossen, »das tun Menschen nicht.«

»Dafür gehen Menschen in den Krieg!«, meint das Mädchen mit den großen blauen Augen.

»Und sie rauben Banken aus!«, ruft ein Junge im schwarzen T-Shirt.

Wir haben jetzt über die Unterschiede von Tieren und Menschen gesprochen. Das heißt, wir sind bis jetzt so weit gekommen, dass wir »menschlich« damit erklären, dass es Dinge gibt, die allen Menschen gemeinsam sind und die sie von anderen Lebewesen unterscheiden, richtig?

Die Kinder nicken.

Okay, aber kann man sagen, dass das Ausrauben von Banken oder Töten menschlich ist?

Die Kinder schütteln den Kopf.

»Nee, das ist nicht menschlich«, sagt der Junge mit den Sommersprossen.

Was könnte denn »menschlich« in diesem Sinn bedeuten?

»Wenn jemand einem anderen hilft!«, sagt ein dunkelhäutiger Junge.

»Oder wenn man ein guter Freund ist!«, sagt ein anderer Junge.

»Oder wenn man zu Tieren lieb ist!«

»Oder wenn man andere respektiert, auch wenn sie anders

S. 154

aussehen oder so«, sagt das Mädchen mit den großen blauen Augen.

Wir haben uns bis jetzt überlegt, welche Eigenschaften menschliche Eigenschaften sind, haben dabei aber bemerkt, dass wir nicht genau das erfassen, was wir meinen, wenn wir sagen, dass ein Mensch oder eine Handlung »menschlich« ist. Hier geht es nämlich um die Bewertung einer Handlung. Die Frage, ob eine Handlung gut ist. Also müssen wir sagen, das menschlich zu sein oder menschlich zu handeln bedeutet, gut zu handeln.

Die Kinder nicken.

Wann würdet ihr sagen, geht es nicht menschlich zu?

Die Kinder überlegen kurz, dann schnellen Hände in die Luft.

»Also mein Cousin und meine Cousinen, die leben in Israel, und mein Onkel ist mal Bus gefahren, und da ist jemand mit einer Bombe dringesessen und hat die dann hochgehen lassen. Da wäre er fast gestorben. Das ist voll unmenschlich!«

Die Kinder verziehen ihre Gesichter, manche schauen ungläubig.

»Oder wenn manche nicht nett zu ihren Kindern sind, also auch die Lehrer manchmal, dann ist das auch nicht menschlich«, sagt ein kleiner Junge mit blondem Haar.

Dann meldet sich ein brasilianischer Junge: »Früher, da gab es einen Kaiser oder König oder so, und der war voll fies zu den Menschen. Und ich glaube, irgendwann hat er sogar eine Stadt angezündet oder so, also das finde ich schon unmöglich. Das ist doch nicht menschlich!«

»Meine kleine Schwester«, sagt ein kleines Mädchen mit

dunklen glatten Haaren, »die kann manchmal so fies sein. Gestern hat sie mir all meine Glitzerstifte geklaut, und dann ist sie echt unmenschlich mit mir!«

»Und mein Bruder, der war so gemein, der hat mich mal mit Schlamm beworfen!«

»Und meiner hat meine Legoraumschiffstation zerlegt und das Raumschiff in die Lasagne getan!«

Wir sind bei einem Lieblingsthema der Kinder angelangt: die Streitereien mit den Geschwistern.

Wünscht ihr euch manchmal, weniger zu streiten?

Die Kinder nicken. Manche rufen: »Ja, klar!«

Man könnte sagen, weil es menschlicher wäre, sich nicht zu streiten?

Ein Mädchen mit Kringellocken nickt. »Also immer menschlich sein ist auch unmenschlich«, sagt sie ernst.

Das kann gut sein. Aber trotzdem bleibt Menschlichkeit für uns ein Ideal, also etwas, was wir nicht unbedingt immer haben, aber nach dem wir streben.

Die Stunde ist um. Die Kinder stehen auf und strecken sich. Diese Stunde hat sie gefordert. Manche kommen und sagen uns noch leise Dinge, die sie nicht vor allen anderen sagen wollten. Dann gehen sie in den Pausenhof.

Menschlichkeit

Unsere Vorstellung von Menschlichkeit beruht auf einem Selbstbild, das uns oft nur teilweise bewusst ist. Sozialdarwinisten sehen den Menschen in einer biologischen Ordnung, in der es um Vorteile bei der Fortpflanzung, die Unterdrückung von Konkurrenten und die Verdrängung konkurrierender Arten geht. Materialisten meinen, dass menschliches Verhalten auf Prozessen beruht, die von unseren Bestrebungen, Wertungen und Überzeugungen unabhängig sind. Humanisten meinen dagegen, dass es eine besondere menschliche Fähigkeit gibt, sich von guten Gründen leiten zu lassen, Rücksicht auch dort walten zu lassen, wo die eigenen Interessen entgegenstehen, und Menschen unabhängig davon, ob sie derselben Nation, Gemeinschaft oder Weltanschauung angehören, gleichermaßen fair zu behandeln.

Können wir uns darauf einigen, dass es menschlich ist, Absichten zu haben und Ziele zu verfolgen …?

Was ist menschlich?

Philosophen haben die Frage »Was ist menschlich?« als die nach der *conditio humana* verstanden: Was ist das besondere Bedingungsgefüge menschlicher Existenz? Die Antworten stützen sich dabei nicht lediglich auf empirische Sachverhalte, wie sie die biologische Anthropologie erforscht, vielmehr bringen diese Antworten auch eine normative Einstellung zum Ausdruck, wie Menschen leben sollten. Aus der Vielfalt der Eigenschaften der menschlichen Spezies werden dementsprechend in der philosophischen Tradition solche hervorgehoben, die unser Selbstbild in besonderer Weise prägen sollten. Aristoteliker betonen die Befähigung zur praktischen Vernunft, andere die besondere menschliche Fähigkeit des Mitleidens, der Hilfsbereitschaft und der Solidarität. Kantianer setzen auf die rationale Einsicht, die Achtung vor dem Sittengesetz, als Antrieb menschlichen Handelns, Humeaner sind dagegen der Auffassung, dass es keine Möglichkeit gibt, den eigenen Wünschen entgegenzuhandeln.

Humanismus als Denkbewegung

Die humanistische Denkbewegung hat in Europa ihren Ursprung in der griechischen Klassik. Aber auch in anderen Kulturkreisen, etwa dem konfuzianischen und dem buddhistischen, gibt es verwandte anthropologische und ethische

Traditionen. Die Tatsache, dass heute ein sehr weitgehender globaler Konsens – zumindest auf der Ebene politischer Klärungen – hinsichtlich eines umfassenden Korpus von Menschenrechten besteht, hat auch damit zu tun, dass es in den meisten normativen und kulturellen Traditionen inhaltliche Anknüpfungspunkte gibt, sodass man von einem humanistischen Ethos sprechen kann, das zwar im europäischen Humanismus der Renaissance und der Aufklärung einen besonders prägnanten Ausdruck findet, das aber Übereinstimmungen und Schnittstellen mit außereuropäischen Anthropologien und Moralkonzeptionen aufweist.

»Oder wenn man andere respektiert, auch wenn sie anders aussehen oder so.«

Freiheit und Verantwortung

Es war der Stoa vorbehalten, eine Entdeckung zu machen, die für ein humanistisches Menschenbild zentral ist: Menschen sind gleich, es ist unerheblich, welcher Ethnie, welcher Polis, welcher Sprachgemeinschaft, welcher Religion sie angehören. Sie alle haben gleichermaßen einen Zugang zum Logos und sind gleichermaßen in der Lage, vernünftig (*homologoumenos*), also im Einklang mit einer nach Gesetzen geordneten Natur, zu leben. Jeder Mensch kann unterscheiden zwischen dem, was er mit seinem Handeln kontrolliert, und dem, welchem er ohne Einflussmöglichkeiten ausgesetzt ist (*adiáphora*). Für das, was er kontrolliert (*eph' hêmin*), trägt er eine Verantwortung, die ihm niemand abnehmen kann. Dies macht die besondere menschliche Würde, die *dignitas hum-*

ana, wie der Terminus schon in der römischen Stoa lautet, aus.

Nicht nur bei Platon und der griechischen und römischen Stoa steht die Eigenverantwortlichkeit genuin menschlicher Existenz im Mittelpunkt. Als Lebewesen, die Gründen zugänglich sind, die nach Gründen urteilen und nach Gründen handeln, sind wir verantwortlich gegenüber anderen und gegenüber uns selbst. Es ist die Fähigkeit, Gründe abzuwägen und nach Gründen zu handeln und zu urteilen, die uns frei macht. Die Gleichheit des Menschen besteht in der grundsätzlich gleichen Fähigkeit, sich von Gründen affizieren zu lassen, ein Leben aus eigener Verantwortung zu leben.

In der wechselseitigen Anerkennung dieser Fähigkeit gründet sich ein spezifischer Respekt, den wir einander schulden. Wir schreiben einander eine spezifische – menschliche – Würde zu. Unsere Selbstachtung beruht auf der Fähigkeit, nach Gründen zu handeln, und der geschuldete Respekt äußert sich darin, dass wir diese Selbstachtung unter keinen Bedingungen verletzen (Art. 1 GG: Die Würde des Menschen ist unantastbar). Die spezifische menschliche Freiheit ist nicht Freiheit aus Willkür, sondern Freiheit, die von Gründen geleitet ist. Freiheit ist also nicht lediglich Autarkie, sondern Autonomie, die Fähigkeit, nach selbst gewählten Regeln, das, was Kant »Maximen« nannte, zu handeln.

Humanismus in der politischen Theorie

Die humanistischen Postulate – menschliche Gleichheit als gleiche Würde, gleicher Respekt, gleiche Freiheit, gleiche Verantwortlichkeit – haben politische Implikationen. Es gibt keine natürliche Ordnung des Oben und Unten. Niemand ist von Natur oder Gott zum Herrschen bestimmt, es gibt keine natürliche Hierarchie, keine ständische Ordnung im Einklang mit der natürlichen oder göttlichen Ordnung. Im 17. und 18. Jahrhundert werden diese Postulate zur Grundlage politischer Theorien, die sich gegen die alte feudale Ordnung wenden, die Legitimation von Macht nicht an die Geburt, sondern an die rationale Übereinkunft, die Zustimmung aller binden.

Für Thomas Hobbes geht es um die Etablierung einer Friedensordnung durch ein staatliches Gewaltmonopol, in der Verträge eingehalten werden und die Menschen vor ungesetzlicher Gewalt keine Furcht mehr haben müssen und friedlich ihren Geschäften nachgehen können. John Locke ersetzt die paternalistische Gewalt des Fürsten durch den Rechtsstaat, der die natürlichen Rechte jedes einzelnen Menschen auf Leben, körperliche Unversehrtheit und legitim erworbenes Eigentum sichert. Jean-Jacques Rousseau will die ursprüngliche Freiheit jedes Menschen in der Republik als sittliche Körperschaft wiederherstellen. Immanuel Kant hingegen will die Gesetzgebung an die allgemeine rationale Zustimmungsfähigkeit binden und ein globales Friedensbündnis der Republiken etablieren.

Bei allen Verästelungen humanistischen Denkens in Europa, (vor allem bedingt durch die ambivalente Rolle des Christentums, das einerseits die wichtigsten Inhalte sokratischer Anthropologie und stoizistischer Ethik tradiert und mit der These der Gott-Ebenbildlichkeit des Menschen die gleiche Würde der Stoa religiös transzendiert, andererseits jedoch die Idee gleicher menschlicher Rechte, der Gleichheit von Mann und Frau, der Demokratie durch den katholischen und orthodoxen Klerus bis ins 20. Jahrhundert hinein bekämpft), wirken die anthropologischen Grundpostulate des Humanismus fort: Menschliches Urteilen und Handeln sollte von Gründen geleitet sein. Der Austausch von Gründen ist der Androhung von Gewalt vorzuziehen. Es gibt einen Unterschied zwischen Überreden und Überzeugen. Die Rede, die auf Überzeugung gerichtet ist, bringt gute Gründe vor, von denen der Redner selbst überzeugt ist und hofft, dass der Gesprächspartner sie sich zu eigen macht.

Anti-Humanistische Traditionen in der Antike

Auch wenn die anthropologischen und ethischen Gehalte humanistischen Denkens heute nicht nur in die Verfassungsordnungen westlicher Demokratien, sondern auch in allgemein akzeptierte völkerrechtliche Konventionen eingegangen sind, so hatte es der Humanismus von der Antike bis zur Gegenwart schwer, sich gegen anti-humanistisches Denken und Praxis zu behaupten. Platon stilisiert die Auseinandersetzung zwischen Sokratik und Sophistik zu einer Auseinandersetzung um das erste humanistische Postulat, nämlich die Rolle von Gründen und die Rolle von Wahrheit.

Der Sophistik und Rhetorik geht es nach Platon nicht um Wahrheit, sondern um bloßen Erfolg, so unterschiedlich die Kriterien dieses Erfolgs im Spektrum sophistischer Positionen sind. Es geht der Sophistik nicht um die besseren Gründe, sondern um die Durchsetzung eigener Interessen, bestenfalls um Überredung. Bildung ist nicht Selbstzweck, sondern wird zu einer Erwerbstätigkeit unter anderen. Das in dem jeweiligen einzelnen menschlichen Individuum Angelegte soll nicht zur vollen Entfaltung gebracht werden, wie es platonischer und aristotelischer Anthropologie entspricht, sondern instrumentalisiert werden für andere Zwecke, zum Beispiel der Macht oder des Reichtums.

Das stoizistische Postulat menschlicher Würde und Vernunftteilhabe kollidiert mit den imperialen Interessen im Hellenismus und später des römischen Imperiums. In der Endphase des römischen Reiches ist stoizistische Anthropologie und Ethik zur Weltanschauung römischer Patrizier geworden, kann aber den politischen wie moralischen Verfall des Reiches nicht mehr aufhalten.

Anti-Humanistische Strömungen in der Neuzeit

Die klassische Physik Isaak Newtons scheint das uralte Programm einer systematischen und streng deterministischen, vorbestimmten Naturwissenschaft, das schon die Atomisten der Vorsokratik vertreten hatten, das Descartes und andere Vertreter der rationalistischen Strömung der *sciencia nova* postulierten, endlich eingelöst zu haben. Das Gesamte des physikalischen Geschehens ließ sich nun auf ein einziges Grundprinzip zurückführen. Die verschiedenen beobachtbaren Bewegungen in der Natur schienen sich als ein System von Massepunkten, zwischen denen Kräfte wirkten, ohne Rest beschreiben zu lassen.

Der Dämon des Mathematikers und Physikers Pierre-Simon Laplace, der jedes Ereignis vorhersagen kann, da er den Zustand der Welt an einem beliebigen Zeitpunkt aus dem Zustand der Welt zu einem früheren Zeitpunkt, gegeben die physikalischen Gesetze, vorhersagen kann, hatte ein sicheres Fundament in einer erfolgreichen empirischen Naturwissenschaft, der klassischen Physik, gefunden. Diese Wissenschaft entwickelte sich stürmisch fort, und entgegen den anthropologischen und ethischen Überzeugungen ihrer führenden Vertreter, darunter auch Newton selbst, schien dies im 20. Jahrhundert flankiert von der Darwin'schen Biologie zwangsläufig zu einer in sich geschlossenen materialistischen und deterministischen Weltanschauung zu führen.

Humanistische Postulate menschlicher Selbstbestimmung, Freiheit und Verantwortung, gar gleicher menschlicher Würde, erscheinen zunehmend als Fremdkörper, der sich in eine wissenschaftliche Weltanschauung nicht integrieren lässt. Biologistische, rassistische und nationalistische Ideologien verdrängen mehr und mehr die normativen Prägungen durch Humanismus und Aufklärung. In Gestalt des Marxismus entsteht eine ökonomistische Variante des Materialismus mit weitreichender politischer Wirkung.

Faschismus und Nationalsozialismus wenden sich offensiv gegen das humanistische Menschenbild, gegen die These, dass allen Menschen eine spezifische Würde zukomme, dass alle Menschen durch Rechte und Freiheiten zur Selbstbestimmung befähigt werden sollten, dass es eine ursprüngliche Gleichheit im Sinne gleicher Fähigkeit zu selbstbestimmtem Leben gibt, das die Zugehörigkeit zu Rassen oder Nationen politisch irrelevant macht.

Die grausamen Erfahrungen mit anti-humanistisch gesinnter Politik in ihren beiden Hauptvarianten des Nationalsozialismus und des Stalinismus gaben humanistischer Anthropologie und Ethik nach dem Ende des Zweiten Weltkriegs eine historische Chance, das Ethos, das Recht, die Politik in demokratischen Gesellschaften zu prägen. Das deutsche Grundgesetz mit seiner starken Betonung des humanistischen Ethos ist dafür ein prägnantes Beispiel.

Die Charta der Vereinten Nationen, die Allgemeine Erklärung der Menschenrechte, der – streckenweise mühsame – globale Konsens über die beiden Menschenrechtskonventionen der 60er Jahre, die Fortschreibung und Konkretisierung des Völkerrechts bis in die Gegenwart zeigen, dass die Kraft humanistischer Normativität ungebrochen ist.

Heutige Bedrohungen des Humanismus

Gegenwärtig sehe ich vor allem drei Bedrohungen humanistischen Denkens und durch humanistisches Ethos geprägter moralischer und politischer Praxis.

1. Die zunehmende Ökonomisierung aller Lebensbereiche, die sich im Kleinen darin äußert, dass zwischenmenschliche Beziehungen ökonomischen Zwecken unterworfen werden und zunehmend auch ein von ökonomischer Verwertung weitgehend freigestellter Bereich, nämlich die Wissenschaft, unter Verwertungsaspekten neu strukturiert wird. Im größeren Maßstab, weil die kulturellen Bedingungen humanisti-

scher Praxis im globalen Markt, im Prozess der Globalisierung, zumindest gefährdet werden.

Kulturelle Traditionen tragen zur Identitätsbildung bei. Die rasche Nivellierung kultureller Differenzen, die Verwandlung von kulturellen Gemeinschaften in Marktteilnehmer, das Verschwinden kultureller Eigenheiten und lokaler Gemeinschaften kann zu einer Mentalität führen, die Sinnstiftung erschwert und Solidaritätsstrukturen zerstört.

Zudem sind die Rahmenbedingungen politischer Gestaltung und Verantwortung unter einem starken Veränderungsdruck, der es zumindest möglich erscheinen lässt, dass die bürgerschaftliche Erfahrung gemeinsamer Selbstbestimmung, also praktizierter politischer Partizipation und Autonomie, dem Ohnmachtsgefühl individueller Teilnahme am globalen Markt weicht bzw. die Republik als sittliche Körperschaft erodiert.

Das humanistische Menschenbild ist jedenfalls mit der Reduktion menschlicher Existenz als Konsument und Produzent von Gütern auf dem globalen Markt unvereinbar.

2. Das Erstarken fundamentalistischer Strömungen, vor allem solcher, die religiös und da wiederum solcher, die muslimisch inspiriert sind, prägt kollektive Identitäten aus, die mit humanistischer Anthropologie unvereinbar sind. Die Abwertung der anderen, weil sie der falschen Konfession oder Religion angehören, ihre Instrumentalisierung bei Terrorakten und »neuen Kriegen«, der Verzicht auf Begründung, die Verhöhnung der Vernunft und die Predigt von Glaubensgewissheiten bedrohen nicht nur das humanistische Menschenbild gleicher Würde und gleichen Respekts,

sondern fördert eine politische Praxis der Intoleranz und der Menschenverachtung.

3. Ein neuer, naturwissenschaftlich inspirierter Anti-Humanismus, der zunächst die Fähigkeit zu freier und verantwortlicher Entscheidung bestreitet und damit die anthropologischen und moralischen Grundlagen einer humanen Rechtsordnung.

Trotz dieser aktuellen Herausforderungen eines humanistischen Menschenbildes spricht vieles für eine optimistische Einschätzung. Die Grundorientierungen einer humanistischen Anthropologie und Ethik bilden konstitutive Elemente unserer lebensweltlichen Praxis. Es ist keine moderne Kultur denkbar, die ohne Deliberationen in der Alltagspraxis des Entscheidens und Urteilens, aber auch in den politischen, juridischen und ökonomischen Institutionen auskommt.

Traditionelle, das heißt unhinterfragte Autoritäten, überkommene Kasten- und Ständesysteme, lokale und tribale Identitäten schwächen sich ab, und damit wächst die persönliche Verantwortung für die eigene Lebensgestaltung, Freiheit und Autonomie prägen das Selbstbild, und die Vielfalt der Handlungsoptionen zwingt nicht nur zur Abwägung, sondern nötigt Respekt auf gegenüber der Vielfalt der Lebensformen und Weltanschauungen und der mit ihnen korrespondierenden Werthaltungen und Verbindungsformen.

Es scheint mir nicht utopisch zu sein, zu hoffen, dass eine Kultur der wechselseitigen Anerkennung der individuellen Autonomie und Selbstverantwortung das Fundament für eine globale Zivilgesellschaft der Zukunft bereitet, die einem humanistischen Menschenbild verpflichtet ist.

7.
Identität oder:
Kann ein böser Mensch entscheiden, ab heute ein guter zu sein?

Heute führen wir ein philosophisches Gespräch bei uns zu Hause. Mit von der Partie sind unsere Tochter Juliette sowie ihre Freundin Lilly, der dreizehnjährige Paul, der achtjährige Michael und der neunjährige David. Sie sitzen auf der Couch und trinken Apfelsaft. David hat ein »FC Bayern«-T-Shirt an, Paul blickt mit ernster Miene auf sein Apfelsaftglas, und Juliette kommt sich ein bisschen komisch vor, weil ihr Papa jetzt nicht mehr nur Papa, sondern auch so etwas wie ein Lehrer ist.

Wie ist das eigentlich mit euch? Habt ihr euch in eurem Leben einmal so richtig verändert?

»Ich hatte letztes Jahr lange Haare!«, prescht Michael vor. »Bis da hin!«, sagt er und zeigt stolz auf seine Schultern.

Ist es wichtig, wie lang die Haare sind?

Die Kinder überlegen.

Dann sagt Juliette ganz leise: »Man hat doch immer die gleiche Seele, oder nicht? Ich meine in einem drin, da ist doch was, was immer gleich bleibt, oder?«

S. 174

»Also ich bin jetzt schon anders«, erklärt Lilly. »Ich kann jetzt die Uhr lesen, meinen Namen schreiben, und manchmal darf ich sogar Cola trinken. Als ich ein Baby war, bin

S. 175

ich immer nur so rumgelegen. Wie meine kleine Schwester jetzt.«

Juliette schüttelt den Kopf. »Ja, aber man ist doch immer man selbst. Man kann doch gar nicht anders, als man selbst sein.«

»Aber als ich ein Baby war, da durfte ich zum Beispiel noch nicht Hockey spielen. Jetzt darf ich das schon, weil ich mehr weiß und vernünftig bin. Das heißt doch, dass ich jetzt anders bin, oder?«, sagt Lilly.

»Das ist ungerecht«, sagt Juliette, »die kleinen Babys machen immer Quatsch. Die schimpft niemand. Wenn ich mich mit meiner kleinen Schwester streite, und dann weint sie plötzlich, dann werde immer nur ich geschimpft.«

Wenn ein Kind von einem Jahr eine Vase kaputt macht, hat es dann Sinn, das Kind zu schimpfen?

»Ja, schon«, sagt Adrian, »weil es sonst nicht lernt, dass es keine Vasen runterwerfen darf.«

»Aber es ist doch nicht seine Schuld!«, meint Juliette empört. »Es weiß doch nicht, dass es die Vase nicht runterwerfen darf.«

Seid ihr denn für alles verantwortlich, was ihr macht?

»Hm, ich glaub schon. Wenn ich weiß, dass ich keine Vasen runterwerfen darf, und es dann trotzdem mache, bin ich schon verantwortlich.«

»Ich mag eh keine Blumen in Vasen stecken«, sagt Lilly und zupft an ihrem T-Shirt, auf dem ein Totenkopf prangt.

Ich erzähle euch jetzt eine Geschichte, aber eine wahre. Es gab mal einen Mann in Amerika. Der hieß Phineas Gage. Er baute an Zuggleisen. Eines Tages hatte er einen schweren Unfall, bei dem sein Gehirn verletzt wurde, und zwar das sogenannte Frontalhirn, das ungefähr unter der Stirn liegt. Er galt bis zu seinem Unfall als verlässlich, verantwortungsvoll und sorgfältig. Trotz dieses schweren Unfalls war Phineas nach einigen Monaten wieder weitgehend hergestellt. Er konnte denken und sprechen – alles war wie vorher. Seine Verwandten und Freunde aber bemerkten, dass er irgendwie anders geworden war. Früher konnte man sich immer auf ihn verlassen. Seit dem Unfall aber war das anders geworden. Fing er mit einer Sache an, hörte er gleich wieder damit auf. Er änderte andauernd seine Meinung und konnte überhaupt nichts mehr planen. Was meint ihr: Ist Phineas immer noch derselbe Mensch?

Adrian überlegt: »Also, wenn er immer noch dieselben Sachen mag wie vorher, dann ist das immer noch der gleiche Mensch.«

»Aber wenn er alles wieder lernen muss, dann lernt er ja neue Sachen, und dann ist er nicht mehr der gleiche.«

Juliette sieht kritisch ihren Apfelsaft an. Dann sagt sie entschieden: »Halbe, halbe.«

Die Kinder schweigen.

Was ist eigentlich eure erste, eure früheste Erinnerung?

»Ich war im Kindergarten auf einer Schaukel mit meiner Freundin Paula, und wir haben Kichererbsen gespielt. Das war schön«, sagt Juliette. Dann fügt sie noch leise hinzu: »Aber jetzt spielt sie lieber mit der Lilly.«

»Und ich hab mit zwei Jahren eine Schatzkiste gebaut. Das weiß ich noch, weil da der Papa noch bei uns gewohnt hat.«, sagt Paul.

Was für eine Rolle spielt die Erinnerung für euch? Ist sie wichtig?

Die Kinder reden durcheinander: »Ja!«, »Klar!«
Dann bemerkt Paul: »Wenn man nicht mehr denken kann, ist man tot.«

Wenn euch jemand fragt: Wer bist du? Was würdet ihr sagen?

»Ich bin ein Löwe!«, sagt Michael und macht sein Löwengesicht. »Whaouuu!«, brüllt er.
»Ich bin leider Schüler!«, wirft David ein. »Aber ich wäre lieber Mittelstürmer beim FC Bayern!«
»Du kannst doch gar nicht Fußball spielen«, sagt Lilly.
»Kann ich wohl«, zischt David.
Die anderen lachen, dann sagt Juliette: »Also ich bin Tochter!«
»Und ich Sohn!«
»Und ich Bruder!«

Spielst du das? Das Tochter-Sein?

»Nein! Das bin ich einfach. Also, von Geburt an.«

Und wie ist das zum Beispiel mit einer Klavierspielerin? Ist sie das auch von Geburt an?

»Nein, die muss das lernen. Ganz viel muss sie lernen, damit sie Klavierspielerin sein kann.«

Es gibt also Rollen, die hat man von Geburt an, und manche, die lernt man, richtig?

»Ja, aber wenn jemand nicht begabt ist für das Klavierspielen, dann kann er das auch nicht lernen!«, sagt Michael. »Also mein Cousin zum Beispiel. Der spielt jetzt seit zehn Jahren Cello oder so, und jedes Jahr an Weihnachten spielt er uns was vor. Das ist so scheußlich, dass wir uns heimlich die Ohren zuhalten müssen. Meine Mama sagt, das wird nichts mehr mit dem Cellospielen und dem Sebastian.«

Die Kinder lachen.

Und wie ist das mit dir, David, bist du gleichzeitig Schüler und Sohn?

David kratzt sich am Ellebogen: »Ja, irgendwie schon, aber irgendwie auch nicht. Ich meine, wenn ich in der Schule bin, dann ist meine Mama doch gar nicht da. Dann kann ich ihr auch nicht zeigen, dass ich ihr Sohn bin.«

Von was hängt es ab, welche Rolle ihr gerade spielt?

»Das hängt davon ab, wer da ist!«, sagt Paul.

»Ja, oder was eben gerade gebraucht wird. Zum Beispiel der Superman, also der ist nur dann Superman, wenn er gerade jemanden rettet. Dann dreht der sich so ganz schnell, und dann ist er Superman.«

Lilly rollt mit den Augen. Supermänner, die sich schnell im Kreis drehen, findet sie doof.

An was erkennt man, wer gerade welche Rolle spielt?

»An dem, was die Leute machen!«, sagt Paul.

Am Verhalten, meinst du?

»Ja, genau. Der Polizist, der teilt eben Strafzettel aus. Das muss er machen.«

Du meinst, es gibt bestimmte Regeln für jede Rolle?

»Ja. Eine Meerjungfrau zum Beispiel kann keine Strafzettel verteilen«, erklärt Lilly.

Alle prusten los, weil sie sich vorstellen, wie eine Meerjungfrau im Ozean den Verkehr regelt.

»Ich bin der Sohn von der Mama«, sagt David. »Der Papa wohnt ja nicht mehr bei uns.«

Was glaubt ihr, macht euch als Menschen aus?

»Also ich bin alles, was ich weiß!«, sagt David selbstbewusst.

DALLA MEDUSA

S. 177

»Und ich bin alles, was Gott mich gemacht hat«, sagt Michael. »Das habe ich im Kommunionsunterricht gelernt, und meine Mama sagt das auch!« Dann blickt er nachdenklich auf den Boden. »Vielleicht bin ich lieber das, was ich liebe, also meine Familie, meine Mama. Das gehört doch alles zu mir!«

»Ich hab eine Idee. Der Name ist wichtig!«, sagt Michael.

Da kann ich euch was erzählen. Ich wurde mit vier Jahren einfach umbenannt. Ich hieß bis dahin »Thomas« und dann »Julian«.

»Das ist aber komisch«, meint Paul.

Und? Was glaubt ihr? Bin ich dann zu einem anderen Menschen geworden?

Juliette schüttelt entschieden den Kopf. »Man ist immer man selbst. Man kann nicht anders, man muss man selbst sein!«, sagt Juliette.

»Und ich glaube, logisches Denken ist wichtig«, sagt Paul.

Warum glaubst du das?

S. 178

»Weil ich doch denken muss. Sonst weiß ich doch nichts.«

»Also ich, ich bin alles, was ich mir wünsche«, sagt Lilly.

»Ich wünsche mir, später ganz viel Geld zu haben!«, ruft Paul plötzlich.

Und warum?

»Weil ich dann den Hunden helfen könnte, die kein Zuhause haben.«

»Ich wünsche mir, dass ein Lama bei uns im Garten lebt«, sagt Lilly.

»Das ist doch ein blöder Wunsch!«, sagt David.

»Und warum?«, fragt Lilly vorwurfsvoll.

»Weil das doch gar nicht geht!«

»Aber ich kann es mir vorstellen«, sagt Lilly trotzig.

Wenn du es dir vorstellst, glaubst du dann auch daran?

»Das ist nicht das Gleiche«, sagt Paul nachdenklich. »Also glauben und vorstellen, meine ich.«

Ich denke, da hast du recht. Man kann nur an etwas glauben, von dem man annimmt, dass es auch wirklich existiert, nicht wahr? Ich möchte euch eine andere Frage stellen: Kennt ihr das? Ihr habt eigentlich Lust, etwas zu machen, aber dann haltet ihr euch zurück, weil ihr eigentlich ein anderes Ziel verfolgt?

»Ich will einen Hund haben«, sagt Juliette, »aber die Mama hat gesagt, dass ich erst ganz vernünftig sein muss, und jetzt bin ich immer ganz toll gehorsam und schlage meine kleine Schwester nicht mehr.«

S. 180

»Ich würde auch manchmal gerne meine kleine Schwester zurückschlagen, weil die mich immer schlägt. Aber das mach ich dann nicht.«

»Meine kleine Schwester macht auch viel Unsinn«, sagt Juliette. »Sie will immer bestimmen. Mama hat gesagt, dass sie sich jetzt ›behaupten‹ will.«

»Quatsch«, bemerkt Michael, »die ist nur nicht gut erzogen.«

»Also, ich will auch nicht immer alles, was die Mama will. Das ist doch mein Leben.«

»Ja, genau«, mischt sich David jetzt ein. »Wir können auch mal was entscheiden.«

Glaubt ihr, es wäre möglich, dass ein Mensch sich entscheiden kann, jeden Tag ein anderer zu sein? Einmal ein mutiger Superman, am nächsten Tag ein ängstlicher Bäcker, dann ein strenger Lehrer?

»Nur im Fasching!«, sagt David. »Aber das wird dann teuer mit den Kostümen und so.«

»Ich mag lieber nur eine Rolle haben. Oder vielleicht zwei«, sagt Lilly.

»Also Lady Gaga, die ist immer anders. Immer neue Haare und immer andere Kleider!«, erzählt Michael und lächelt versonnen.

»Du bist ja verliebt!«, sagt Lilly zu Michael, der ein bisschen rot wird.

»Aber die ist ja nicht echt, also ich meine, sie spielt ja nur, oder?«, fragt Juliette. »Ich glaube, man kann sich nicht so ändern, ich meine einen Tag so sein und am anderen anders.«

Glaubt ihr, ein böser Mensch kann sich entscheiden, ab heute ein guter zu sein?

Die Kinder denken nach.

»Ich glaube, manche Menschen sind so böse, die wollen überhaupt nicht lieb sein!«, sagt Michael und schüttelt ernst den Kopf.

S. 178

»Ich glaube, wenn er wirklich will, also wenn er verstanden hat, dass es nicht gut ist, ein böser Mensch zu sein, dann kann er sich schon ändern«, sagt Paul.

»Ich glaube auch«, sagt Juliette. »Aber er muss schon verstehen, dass es nicht richtig ist, böse zu sein.«

»Genau«, sagt Paul, »sonst ändert er sich nämlich nicht und raubt immer weiter Banken aus.«

»Ich hab mal von einem Bankräuber gehört, der immer auf einem Fahrrad geflüchtet ist und das Geld in Plastiktüten gepackt hat. Irgendwann hat man ihn dann in einer Wohnung gefasst, in der lauter goldene Engelchen von der Decke hingen«, sagt Paul.

Die Kinder lachen, und dann ist die Stunde auch schon um. Juliette teilt Schokoladenherzen aus, die wir für die Kinder gekauft haben. Michael springt auf und sagt, er sei jetzt Polizist. Lilly verdreht die Augen und meint, die Jungs wollten immer nur Polizisten sein, das fände sie doof. Juliette geht mit Paul ans Klavier, und David und Lilly streiten sich noch eine Zeit lang darüber, ob David Fußballspieler beim FC Bayern werden kann.

Identität

In der Philosophie gibt es sehr unterschiedliche Auffassungen zu der Frage, was die Identität einer Person eigentlich ausmacht. Dabei lassen sich zwei Grundpositionen unterscheiden. Die erste wird von uns die absolutistische Position genannt, die zweite können wir als gradualistisch bezeichnen.

»Man hat doch immer die gleiche Seele, oder nicht? Ich meine in einem drin, da ist doch was, was immer gleich bleibt, oder?«

Die absolutistische Position

Diese Position wird von meiner jüngeren Schwester Martine Nida-Rümelin vertreten. Demnach lässt sich die Identität der Person nicht an ihren Eigenschaften festmachen. Es gibt jemanden, der etwas empfindet, sich ein Urteil bildet, Wünsche und Emotionen hat. Was immer sich an diesen ändert, solange die Person lebt, ist sie es, die diese Wünsche, Urteile, Emotionen hat. Die Person darf nicht identifiziert werden mit einzelnen Eigenschaften, die sie aufweist. Ihre

Wünsche kommen und gehen, ihre Urteile verändern sich, auch ihre Emotionen. Unabhängig davon, wie stark diese Veränderungen sind, sie geben für sich genommen keinen Grund, an der Identität der Person, die sich über diese Veränderungen hinweg hält, zu zweifeln.

»Also ich bin jetzt schon anders … Ich kann jetzt die Uhr lesen, meinen Namen schreiben, und manchmal darf ich sogar Cola trinken.«

Die gradualistische Position

Für die gradualistische Auffassung ist Identität keine Frage des Entweder-Oder, sondern des Mehr oder Weniger. Wir verändern uns jeden Tag, nach schweren Unfällen mit Hirnverletzungen ändern wir uns unter Umständen so stark, dass wir möglicherweise gar nicht mehr von derselben Person sprechen wollen. Es gibt dann jemanden, der vor diesem Unfall und jemanden, der nach diesem Unfall gelebt hat. Aber auch dieser jemand verändert sich über die Jahre deutlich. Der kleine Junge, der vor sechzig Jahren die Welt erkundet hat, und der alte Mann, der sich an diese Zeit zu erinnern sucht, haben zwar noch das eine oder andere gemeinsam, aber es handelt sich nicht mehr um dieselbe Person. So sieht das die gradualistische Auffassung.

Das Phänomen der Verjährung im Strafrecht kann man als Ausdruck eines solchen Gradualismus interpretieren. Die Person, die vor dreißig Jahren ein schreckliches Verbrechen begangen hat, ist so fern, ist so stark unterschieden von der Person, die dreißig Jahre später gefasst wird, dass man diese nicht mehr für ihre vergangenen Taten zur Verantwortung ziehen kann. Von besonderem Interesse sind für viele Gradualisten Erinnerungen und Erzählungen. Denn ihrer Ansicht nach wird die Identität einer Person dadurch gestiftet, dass sie die Geschichte ihres vergangenen Handelns erzählen kann und sich an frühere Erfahrungen erinnert.

Die ethische Position

Man könnte als dritte Position die ethische Auffassung personaler Identität ins Spiel bringen. Die Art und Weise, wie wir miteinander umgehen, wie wir uns wechselseitig zur Verantwortung ziehen, wie wir auf Fehlverhalten reagieren und unser eigenes Fehlverhalten entschuldigen, welche moralischen Gefühle wir entwickeln, setzt voraus, dass es Akteure gibt, die für das, was sie tun, verantwortlich sind.

Bei kleinen Kindern oder unreifen Erwachsenen haben wir den Eindruck, dass sie nicht vollständig für das, was sie tun, zur Verantwortung gezogen werden können. Sie haben einmal diese und einmal jene Wünsche, das, was sie gestern für richtig hielten, hat sich am Tag darauf bereits vollständig verändert, sie bedenken nicht die langfristigen Folgen dessen, was sie tun, und können ihr Verhalten nicht vollständig plausibel machen. Im Extremfall verstehen sie ihr eigenes Verhalten nicht, auch wenn es nur wenige Tage zurückliegt.

Aber von den anderen, von Erwachsenen und geistig Gesunden, verlangen wir die charakteristischen Akteurs-Eigenschaften: Die Begründungen für eigenes Handeln müssen auch über die Zeit hinweg stimmig bleiben. Die Person muss in der Lage sein, sich Kritik gegenüber rechtfertigen oder eigene Fehler eingestehen zu können. Sie wägt Gründe ab und entscheidet sich für die besseren. Ihr Handeln ist von Gründen geleitet. Sie erscheint uns erst dann als voll verantwortlicher Akteur mit einer personalen Identität, die sich über lange Zeiträume hin erstreckt. Als Gradualist wird man aber zugestehen, dass es auch in solchen Fällen im Laufe vieler Jahre oder nach traumatischen Erfahrungen Veränderungen geben kann, die die Identität über die Zeit einschränken oder gar aufheben.

»Vielleicht bin ich lieber das, was ich liebe,
also meine Familie, meine Mama.
Das gehört doch alles zu mir!«

Kommunitarismus

Manche Philosophen und Kulturwissenschaftler meinen, dass es vielmehr die Zugehörigkeit zu Gemeinschaften ist, die unsere Identität bestimmt. Man nennt Vertreter dieser Auffassung meist »Kommunitaristen«. Manche Kulturanthropologen und Soziologen wie etwa Mary Douglas gehen so weit, anzunehmen, dass es gar keine individuellen Identitäten gibt. Demnach wäre es lediglich eine – nützliche – Illusion, anzunehmen, dass es verantwortliche Personen gibt. Wir funktionieren in einem vorgegebenen Rahmen von Regeln und Erwartungen und geben uns allenfalls der Illusion hin, wir seien Autoren unseres Lebens.

»... wenn er wirklich will, ... dann kann er sich schon ändern.«

Existentialismus

Für Existenzialisten wie etwa Jean-Paul Sartre und Albert Camus ist der Einzelne in jedem Zeitpunkt frei, seinem Leben eine neue Richtung zu geben. In diesem Sinne ist jeder Einzelne radikal frei und kann seine Existenz immer wieder neu bestimmen. Für Existenzialisten besteht gerade darin die volle Verantwortlichkeit jedes einzelnen Individuums. Diese Vorstellung zu Ende gedacht, stellt sich allerdings die Frage, ob mit dieser Möglichkeit, »sich selbst neu zu erfinden«, nicht auch die Kontinuität der Person infrage gestellt ist.

»Also ich, ich bin alles, was ich mir wünsche.«

Die humeanische Position

Besonders in der analytischen Philosophie ist die Auffassung verbreitet, dass es in erster Linie zwei Einstellungen sind, die das Leben einer Person bestimmen: Wünsche und Überzeugungen – *desire* und *belief*. Da sich Vertreter dieser Position häufig auf den schottischen Philosophen David Hume berufen, wird diese Theorie im Englischen oft auch als *humean* bezeichnet. Welche Handlung rational und welche irrational ist, wird im Rahmen dieser Theorie ebenfalls beantwortet, indem man sich auf die Wünsche und Überzeugungen der betreffenden Person bezieht. Rational ist eine Handlung, wenn sie die Wünsche der betreffenden Person besser erfüllt als jede andere Handlung, unter der Voraussetzung, dass die Überzeugungen der Person zutreffend sind.

Das Problem dieser Theorie ist, dass Wünsche und Überzeugungen sich im Laufe der Zeit ändern, ja, dass sich diese nicht nur über Jahre, sondern über Tage, Stunden, ja Minuten oft sehr deutlich verändern. Viele unserer Wünsche sind auf die Befriedigung bestimmter Augenblicksbedürfnisse gerichtet, und sobald diese Bedürfnisse befriedigt sind, verschwinden die entsprechenden Wünsche.

Wenn die Wünsche das Charakteristikum einer Person sind, dann stellt sich die Frage, wie wir deren anhaltende Existenz über längere Zeiträume hinweg verstehen sollen. Man könnte zum Beispiel auch den Standpunkt einnehmen, es seien nicht die jeweils aktuellen Wünsche, sondern die Neigungen, die Dispositionen, in bestimmten Situationen bestimmte Wünsche zu haben. So sind manche vielleicht in ihren konkreten Wünschen stark von dem grundlegenderen Wunsch beseelt, Karriere zu machen, Anerkennung der Mitmenschen zu gewinnen oder viel Zeit für Freundschaften und Freizeitaktivitäten zu haben etc.

In der Tat werden wir solche grundlegenden Wünsche, die die konkreten Wünsche des Augenblicks im hohen Maße bestimmen, zu den Charaktermerkmalen einer Person zählen. Es geht dann also nicht um die konkreten Wünsche, die wir in einem spezifischen Augenblick haben, also um aktuale Wünsche, sondern um grundlegende Wünsche, die das Verhalten der Person über längere Zeiträume hinweg bestimmen.

»Ich will einen Hund haben, aber die Mama hat gesagt, dass ich erst ganz vernünftig sein muss ...«

Die kantianische Position

Zwischen Gründen und Wünschen besteht ein Zusammenhang. Manche Wünsche können andere Wünsche begründen. Es gibt daher eine andere Tradition, die man im Weitesten als kantianisch bezeichnen kann, da Immanuel Kant der bedeutendste Philosoph ist, der moralische Handlungsgründe von Neigungen und Wünschen abkoppelte. Für ihn ist es die Achtung vor dem Sittengesetz, die moralisches Handeln motiviert. Es sind nicht die eigenen Bedürfnisse, die Neigungen des Augenblicks, ja nicht einmal mein Streben nach Glückseligkeit, sondern es ist allein der gute Wille, sich als Vernunftwesen zu verhalten, der sein Handeln bestimmt.

Der Preis dieser Auffassung ist allerdings eine strikte Trennung zwischen moralischen und außermoralischen Motiven. Das jeweilige Individuum ist als Vernunftwesen allein durch moralische Motive bestimmt, als Naturwesen Mensch hingegen unter anderem durch sein Streben nach Glückseligkeit. Diese Zwei-Welten-Lehre unterscheidet sodann zwischen Freiheitsgesetzen, denen der Mensch, sofern er sich von seiner Vernunftbegabung leiten lässt, folgt, und Naturgesetzen, die der Mensch befolgt, sofern er seine eigene Glückseligkeit optimiert.

Gründe, die uns zu einer Handlung veranlassen, beruhen auf einer Wertung. Gute Eltern kümmern sich intensiv um ihre Kinder. Sie machen das nicht, um ihre eigene Glückseligkeit zu befördern, auch wenn dies ein Nebeneffekt sein sollte. Sie machen dies auch nicht aus einem moralischen Imperativ heraus, »aus Achtung vor dem Sittengesetz«, wie Kant das nennt, sondern sie tun dies, weil sie für dieses Leben eine Verantwortung haben und sie diesem Kind ein gutes Leben ermöglichen wollen. Sie sind zugleich davon überzeugt, dass sie eine Pflicht haben, sich so zu verhalten.

Es ist also nicht der eigene Wunsch, dieses oder jenes zu erreichen, sondern es ist die Überzeugung, dass dieser Wunsch einer elterlichen Pflicht entspricht. Aber diese elterliche Pflicht leitet sich nicht aus einem grundlegenden Imperativ ab, beruht nicht auf einem ethischen Prinzip. Man kann diese Auffassung verallgemeinern – und damit im gewissen Sinne zur Philosophie der Stoa der Antike zurückkehren, indem man die Gründe und nicht die jeweiligen Wünsche zum entscheidenden Merkmal einer Person macht.

Die Person hat Gründe. Diese Gründe bringen Bewertungen der Person zum Ausdruck, nicht lediglich Wünsche, die sie hat. Die Person ist überzeugt, dass dieses oder jenes einen Wert hat, dass dieses oder jenes getan werden sollte, und richtet ihre Wünsche daran aus. Man könnte dies auch abstrakter in der Formel fassen: Die Identität der Person ist ethisch – oder normativ – verfasst.

8.
Glück oder:
Warum man dem Kuscheldino im Blumentopf mit Gleichmut begegnen muss

Es ist unser letzter Termin in der Gebeleschule. Die Kinder begrüßen uns freudig, und es herrscht eine besondere Stimmung, vielleicht, weil es unsere letzte Sitzung ist.

Wir werden uns heute mit einem ganz alten Thema befassen, das die Philosophen seit zweitausend Jahren umtreibt. Nämlich das Thema »Glück«. Was ist denn für euch Glück? Wie würdet ihr Glück beschreiben?

Ein Mädchen mit lockigen Haaren meldet sich: »Glück ist, wenn einem was Gutes passiert. Zum Beispiel wenn meine Oma auf der Straße eine Pralinenschachtel findet. Die darf zwar keinen Zucker essen, aber heimlich tut sie's doch immer.«

»Oder wenn ein Vampir herumfliegt und Hunger hat und endlich ein Fenster findet, das auf ist!«, meldet sich ein Mädchen mit langen braunen Haaren und einem Haarband.

Ein Junge mit schulterlangen Haaren meldet sich und sagt: »Ja, aber noch mehr Glück hab ich, wenn ich vom Baum falle und mir nichts passiert!«

»Also der Achill, der hatte Glück, weil niemand ihm wehtun konnte, oder?«, fragt ein Junge mit einer roten Brille.

Ein Mädchen aus der vierten Klasse dreht sich um und er-

klärt mit bedeutsamer Miene: »Seine Mutter hat den gebadet, und dieses Wasser, das war ein ganz besonderes Wasser, ich glaube Drachenblut oder ein besonderer Fluss, jedenfalls irgendwas, was die Leute unverwundbar macht, wenn sie darin baden. Aber sie musste ihn ja beim Baden festhalten, und da, wo sie ihn festgehalten hat, also an der Ferse, konnte das Wasser nicht hin. Und deshalb war er eben an der Ferse nicht unverwundbar!«

Richtig! Für seine Unverwundbarkeit konnte er nichts. Da hatte er sozusagen Glück. So dachten viele in der Antike. Glück ist, wenn die Götter einem wohlgesinnt sind und ein langes Leben, aber vor allem viel Macht und Ehre schenken – das galt damals als das höchste Gut. Ist Macht und Ehre auch für euch wichtig?

»Lange Leben will ich schon. Aber ich glaube, das mit der Ehre ist nicht so wichtig. Das macht einen ja auch nicht glücklich, wenn man berühmt ist oder so.«

Die Kinder nicken zustimmend.

Was bedeutet das Glücklichsein für euch?

»Wenn ich mit meinen Freundinnen zusammen bin!«, sagt ein Mädchen.

»Wenn FC Bayern gewinnt!«, sagt ein hübscher blonder Junge in einer Trachtenjacke.

»Wenn ich gute Noten hab, dann bin ich auch glücklich!«

Es gab einen Philosophen, der hieß Aristoteles, der meinte, dass man dann glücklich ist, ein gelungenes Leben lebt, wenn man seine Fähigkeiten zur vollen Entfaltung bringt. Was könnt ihr denn besonders gut?

S. 193

»Ich kann total gut Tennis spielen, und wenn ich dann im Verein spiele, dann bin ich schon glücklich!«

»Und ich, wenn ich reite!«, sagt ein Mädchen mit blonden Locken.

Kannst du denn gut reiten?

»Ja, sehr, ich bin auch schon mal galoppiert!«, sagt sie stolz.

»Aber wenn jemand gerne reitet und die Reitstunde ist vorbei, dann muss sie ja wieder unglücklich sein«, wirft ein anderes Mädchen ein.

»Als ich an Weihnachten den Kuscheldino ausgepackt habe, da war ich total happy. Aber dann, ein paar Stunden später, da war wieder alles ganz normal«, sagt ein Junge mit spanischem Akzent. »Vielleicht ist man eben nie sehr lange glücklich, sondern immer nur für einen Moment.«

Wer von euch hat noch einen Vorschlag, um zu erklären, was es bedeutet, glücklich zu sein?

S. 192

»Ich glaub, das ist, wenn man sich gut fühlt!«, sagt ein Junge in einem blau gestreiften Hemd.

»Ja, weil man etwas macht, was Spaß macht.«

Genau das dachten die sogenannten Epikureer: Glück ist das, was einen zufrieden macht, und deshalb sollte man sich möglichst von all den Dingen, die einen unglücklich machen, fernhalten. Man sollte sich auf den Umgang mit lieben Freunden konzentrieren, also Freundschaften pflegen, sich nicht von diesem und jenem ablenken lassen, auf seine Gesundheit achten und das Leben genießen. Was haltet ihr davon?

Die Kinder nicken zustimmend.

Wer von euch ist ein Epikureer?

Fast alle Hände gehen in die Höhe. Auch einige der Lehrerinnen, die sich im Hintergrund halten, heben die Hände.

Glaubt ihr, das funktioniert immer?

»Irgendwie schon, aber man kann nicht immer schöne Sachen machen. Wir zum Beispiel müssen jeden Tag in die Schule gehen und dürfen nicht zu Hause bleiben.«

Sein Nachbar nickt verständnisvoll.

»Und wenn mein Bruder meinen Kuscheldino wegnimmt, dann bin ich echt sauer. Was sol ich da machen? Das letzte Mal hab ich den Kuscheldino im Blumentopf gefunden.«

Ein paar Kinder lachen. Manche melden sich und erzählen von ihren kleinen Geschwistern, die sie nerven, weil sie ihnen etwas wegnehmen.

»Und meine kleine Schwester«, sagt ein kleines Mädchen. »Also die macht mir immer alles nach! Und da kann ich gar nichts dagegen machen. Das nervt total. Mehr als ein Kuscheldino im Blumentopf, sag ich dir.«

Wie, glaubst du, könntest du es schaffen, dass sie dich nicht mehr nervt?

»Ich sag dann immer: Jetzt hör auf damit, Sarah, aber das funktioniert nicht. Ich meine, sie gehorcht ja nicht mal der Mama. Ich kann sie ja nicht kontrollieren.«

Was kontrolliert ihr eigentlich in eurem Leben?

»Ich kann immer entscheiden, wann ich ins Bett gehe!«, sagt ein kleiner Junge. Die anderen Kinder prusten los. »Stimmt ja gar nicht!«, sagen sie.

»Also, ich kann zum Beispiel kontrollieren, welches Buch ich lese«, sagt ein Junge.

»Und ich kann kontrollieren, wann ich Fußball spiele. Und ob der Dimitri mitspielen darf. Der kann nämlich nicht Fußball spielen, aber manchmal lasse ich ihn trotzdem mitspielen.«

Jetzt habt ihr lauter Dinge genannt, die ihr tut. Das heißt, ihr könnt über einen Großteil eurer Handlungen selbst bestimmen. Gibt es noch etwas anderes, das ihr bestimmen könnt?

Die Kinder denken nach.

»Ich war mal ziemlich unglücklich, weil ich nicht viele Freundinnen hatte«, sagt das Mädchen mit dem braunen Haarband leise. »Aber dann hab ich mir gesagt, dass ich ja nur wenige gute Freundinnen brauche, eigentlich nur eine. Und jetzt bin ich glücklich.«

Das heißt, du kannst nicht nur kontrollieren, was du tust, sondern auch, was du denkst und was du fühlst.

»Manchmal kann ich schon entscheiden, ob ich jetzt unglücklich bin oder nicht«, sagt ein Mädchen mit kurzen Haaren, »zum Beispiel wenn die Hannah sagt, dass sie lieber mit der Vivien spielt, dann muss ich mich nicht aufregen. Ich mag ja manchmal auch mit jemand anderem spielen.«

»Und wenn die Jessy wieder sagt, dass ich nicht mehr ihre Freundin bin, dann kann ich mich auch einfach umdrehen und weggehen«, sagt ein anderes Mädchen.

Das, was ihr gerade gesagt habt, ist genau das, was die sogenannten Stoiker als den wahren Weg zum Glück bezeichnet haben. Sie haben folgendermaßen argumentiert: Da es so viel gibt, was einen möglicherweise unglücklich macht und das man nicht kontrollieren kann, tut man besser daran, nur das kontrollieren zu wollen, was man auch kontrollieren kann. Zum Beispiel die eigenen Gedanken. Wenn ich also unbedingt etwas haben will, es aber nicht in meiner Macht steht, dieses zu bekommen, wie zum Beispiel eine Weltraumrakete oder über Nacht ein Fußballstar zu werden, dann macht es Sinn, sich diesen Wunsch aus dem Kopf zu schlagen und sein Glück nicht davon abhängig zu machen. Darüber hinaus hatten sie aber noch eine andere Vorstellung vom Glück. Sie dachten, wenn man sich zu sehr über etwas freut, dann würde man nachher umso trauriger sein. Das bedeutet, dass die Stoiker versucht haben, immer Gleichmut zu bewahren, sich nie zu sehr zu freuen oder zu sehr zu ärgern, sondern immer gleich zufrieden zu sein.

S. 195

»Ja, aber wenn der Kuscheldino wieder im Blumentopf ist, dann kann ich nicht anders, dann muss ich meinen kleinen Bruder schimpfen.«

Die Kinder lachen.

Glaubt ihr, es gibt für jeden Menschen ein eigenes Glück?

»Für mich ist es eben das Fußballspielen«, sagt ein Mädchen mit grünen Augen, »aber für die Sonja das Reiten. Also ist es schon für jeden anders.«

S. 194

»Aber manche Sachen mögen alle«, sagt ein Mädchen.

Was denn zum Beispiel?

»Eis!«, schreien manche Kinder. »Schokolade!«, rufen andere. »Fernsehen!«, sagen wieder andere.

»Als ich noch kleiner war, da hab ich mal mit Lilian gespielt, und Hannah hat dann gesagt, dass sie die Lilian jetzt nicht mehr mag, sondern nur mich, und dass ich Lilian sagen soll, dass wir nicht mehr mit ihr spielen wollen. Aber dann war ich traurig, weil ich mich erinnert habe, wie das war, als Hannah mich ausgegrenzt hat. Und als ich zu Hause

war, hab ich deswegen geweint. Also, ich glaube, niemand ist glücklich, wenn er ausgegrenzt ist.«

Glaubt ihr, jemand ist glücklich, wenn er jemanden ausgeraubt hat und dann ans Meer fährt und dort Urlaub macht?

Die Kinder schütteln den Kopf.

»Nee, der hat doch dann ein schlechtes Gewissen. Der kann gar nicht mehr glücklich sein.«

»Ich hab mal heimlich die Mandelsplitter meiner Mama weggegessen. Die haben schon gut geschmeckt, aber ich war danach gar nicht glücklich«, sagt das Mädchen mit den grünen Augen leise.

Platon meinte das auch. Der sagte sogar, dass es besser sei, Unrecht zu erleiden, als Unrecht zu tun. Glück bedeute vor allem, eine schöne, eine harmonische und gerechte Seele zu haben. Könnt ihr euch vorstellen, was das heißt, »eine schöne Seele«?

S. 193

»Vielleicht ist das einer, der gerne teilt!«, sagt ein Junge, der in einer Ecke sitzt.

»Ja, und keine Schimpfwörter benutzt!«, sagt ein anderer.

»Oder einer, der niemanden ausgrenzt«, sagt ein Mädchen in der ersten Reihe.

»Ich glaube, Achill war auch nicht glücklich«, sagt plötzlich der Junge mit der Trachtenjacke, »weil er doch gar nichts dafür konnte, dass er so unverwundbar war.«

Und jetzt eine Frage für euch zum Mitnehmen: Was könntet ihr tun, um glücklicher zu sein?

»Ich könnte meiner Schwester nicht mehr sagen, dass sie mich nervt. Dann wäre sie nicht sauer, und wir würden uns nicht mehr streiten.«

»Und ich könnte einfach so tun, als würde ich den Kuscheldino im Blumentopf nicht mehr sehen.«

Es klingelt. Die Sitzung ist vorüber und damit auch unsere Zeit an der Gebeleschule. Zwei Kinder holen einen Blumenstrauß, und zwei andere überreichen stolz ein großes Poster, auf dem die Kinder und wir zusammen abgebildet sind. »Zum Andenken an unser gemeinsames Philosophieren«, sagt eines der Kinder.

Uns hat es Spaß gemacht, sagen wir.

»Uns auch«, antworten ein paar der Kinder. Dann klatschen alle.

Auf dem Nachhauseweg werfen wir einen Blick zum Engel. Er hat eine blaue Schiebermütze quer übers Gesicht gezogen. Man könnte meinen, dass er uns zum Abschied zuzwinkert.

Glück

Die antike Philosophie beschäftigte sich über Jahrhunderte intensiv mit dem Thema »Glück«, mit der Frage, was ein gutes, ein gelungenes Leben ausmacht, in welchem Verhältnis Gerechtigkeit und Wohlergehen zueinander stehen, ob ein glückliches Leben eher in der Abgeschiedenheit oder im politischen Engagement zu realisieren ist. Das Thema »Glück«, die Frage der eigenen Lebensgestaltung, beschäftigt Menschen bis heute intensiv, aber die moderne Philosophie hat sich von diesen Fragen abgewendet. Manche meinen, dass wir die antike Philosophie systematisch missverstehen, weil wir die unterschiedlichen Theorien der Philosophen nicht mehr in erster Linie als Anleitung zum guten Leben interpretieren, so zum Beispiel Pierre Hadot in seinem Buch *Philosophie als Lebensform.* In der Tat sind die Antworten auf die Frage nach dem Glück der antiken Philosophie reichhaltiger und vielgestaltiger als die der Moderne. Daher seien im Folgenden einige Thesen antiker Philosophen zum Glück aufgegriffen.

»Ich glaub, das ist, wenn man sich gut fühlt!«

Glück in der Antike: Hedonismus

Der griechische Ausdruck für Glück ist *eudaimonia* – »eu« heißt »gut«, und »daimon« ist wörtlich übersetzt »Dämon« – Geist. Ursprünglich dominierte die Vorstellung, dass Glück in äußeren Gütern bestünde: Reichtum, Kraft, Schönheit. Auch in unserem Gespräch mit den Kindern schwingt diese ursprüngliche Bedeutung deutlich mit. Auch in einer Formulierung wie »Glück gehabt« geht es um äußere Umstände, nicht erwartete, günstige Ereignisse. Ein erster Schritt der Rationalisierung ist der Übergang zu einem hedonistischen Glücksverständnis. Demnach bestimmt der innere Zustand, wie man sich fühlt. Meist wird Epikur als bedeutendster Vertreter des »Hedonismus« angesehen.

Epikur hatte jedoch eine weitaus komplexere und anspruchsvollere Theorie menschlichen Glücks als die Hedonisten der Moderne. Demzufolge sind es vor allem die Unerschütterlichkeit der Seele, die *ataraxia,* die beständige Sorge um die eigene Gesundheit, der vertraute Umgang mit Freunden und der Rückzug ins Private, die ein glückliches Leben ausmachen.

Epikur empfiehlt, sich von der Vielbeschäftigtkeit (Polypragmosyne) zurückziehen, sich auf das Wesentliche zu konzentrieren und keine Angst vor den Göttern zu haben. Bei Epikur verbindet sich diese Glücksphilosophie mit einer materialistischen Erkenntnistheorie und Physik. Über die biologische Existenz hinaus gibt es kein menschliches Leben. Epikur meinte, dass diese Vorstellung die Seele beruhigen müsste, weil die Angst vor dem Tod damit unbegründet sei.

… Glück bedeute vor allem, eine schöne, eine harmonische und gerechte Seele zu haben.

Glück bei Platon

Bei Platon ergibt sich das gelungene, gute, glückliche Leben aus philosophischer Einsicht. Im Gorgias-Dialog kommt er zu dem Ergebnis, dass nur der Gerechte glücklich ist und dass es für ein glückliches Leben besser sei, Unrecht zu leiden, als Unrecht zu tun. Platon könnte man als einen Intellektualisten bezeichnen, da er der Auffassung ist, dass derjenige, der das Richtige erkannt hat, auch das Richtige tut. Das gute Leben beruht daher auf Einsicht.

»Ich kann total gut Tennis spielen, und wenn ich dann im Verein spiele, bin ich schon glücklich!«

Glück bei Aristoteles

Aristoteles, der andere große Philosoph der griechischen Klassik, vertraute dagegen weniger auf die rationale Einsicht und das bessere Argument als vielmehr auf die Erziehung und die Gewöhnung. Um ein gutes Leben zu führen, bedarf es einer erfahrungsgesättigten Klugheit, der *phronesis,* nicht der philosophischen Erkenntnis. Das gute Leben äußert sich darin, die Mitte zu wahren, Extreme zu meiden. Maß und Mitte werden zum ethischen Prinzip. Vor allem aber geht es um die volle Entwicklung menschlicher Fähigkeiten, die *aretai,* das nur unzureichend mit »Tugend« übersetzt wird. So ist es zum Beispiel im aristotelischen Sprachgebrauch die »Tugend« des Messers zu schneiden und die »Tugend« des Pferdes, schnell zu laufen. Eine bessere Übersetzung ist daher »spezifische Fähigkeit«.

Zu den spezifischen Fähigkeiten des Menschen gehört die praktische Vernunft. Diese praktische Vernunft äußert sich in der Praxis des Lebensklugen. Dieser handelt überlegt, wohlberaten. Er lebt so, dass die allgemein menschlichen und je spezifischen Fähigkeiten zur vollen Entfaltung kommen. Heutige Anhänger von Aristoteles werden daher in der zeitgenössischen Philosophie als »Perfektionisten« bezeichnet. Für sie zeigt sich das gute Leben an der vollen Entfaltung menschlicher Potenziale.

In der Nikomachischen Ethik präsentiert Aristoteles sogar eine Definition von Glück – *eudaimonia:* Es sei die Tätigkeit der Seele gemäß der Tugend. Glück ist für Aristoteles gerade nicht ein (mentaler) Zustand der Seele, eine Gefühlslage, wie die Hedonisten meinen, sondern eine Form bewusster, von den eigenen Absichten gesteuerter Aktivität.

»Aber manche Sachen mögen alle.«

Glück im Utilitarismus

Auch der moderne Utilitarismus nimmt zur Zeit der schottischen Aufklärung dort seinen Ausgangspunkt. Jeremy Bentham meinte, dass die menschliche Praxis zwei Gebieter habe: das Streben nach Lust und das Vermeiden von Unlust. Wäre es da nicht rational, die politische Praxis, insbesondere die Gesetzgebung, daran auszurichten, die Summe der Lust-Leid-Bilanz der Individuen zu optimieren? Dieser Reduktionismus, die Zurückführung also auf eine einzige übersichtliche Größe, zum Bespiel die Lust-Leid-Bilanz, wird vom modernen Präferenzutilitarismus auf die Spitze getrieben: Nun ist es das Maß der Präferenzenerfüllung, das die Praxis bestimmen soll. Inhaltlich kann offen bleiben, um welche Präferenzen es sich handelt und wie diese motiviert sind. Man könnte das auch so interpretieren: Die moderne praktische Philosophie traut sich nicht zu, die Frage nach dem Glück zu beantworten. Positiv gewendet kann man auch sagen: Sie überlässt es dem jeweiligen Individuum, für sich selbst zu bestimmen, was es aus welchen Gründen präferiert.

... immer Gleichmut zu bewahren,
sich nie zu sehr zu freuen oder zu sehr zu ärgern,
sondern immer gleich zufrieden zu sein.

Das Glück des Stoikers

Der Gegensatz stoizistischen Denkens und epikureischen Denkens wurde schon in der Antike karikiert. Auf der einen Seite die strengen Pflichtmenschen und auf der anderen Seite die Hedonisten, die sich ins Private zurückziehen und es sich gut gehen lassen. Aber schon der Blick auf die zentralen Ziele eines epikureischen und stoizistischen Lebens zeigt, dass dieser Gegensatz überzeichnet ist. Während die Epikureer nach einem einfachen, überschaubaren Leben strebten und damit hofften, ihre Seelenruhe zu erreichen, fügten sich die Stoiker in die große, nach Vernunftgesetzen gestaltete kosmische Ordnung. Ihr Ziel der Leidenslosigkeit durch Kontrolle der Leidenschaften – *pathos* bedeutet im

Griechischen sowohl »Leiden« wie »Leidenschaft« – und durch eine vernunftgemäße Lebensform zu erreichen (*apatheia*) ist ein Ideal, das dem der Unerschütterlichkeit, der *ataraxia* der Epikureer, nicht so fern steht, wie heute noch häufig angenommen wird.

Der Dreh- und Angelpunkt stoizistischer Lebenskunst ist die Unterscheidung zwischen dem, was wir kontrollieren können, für was wir daher Verantwortung tragen, und dem, was wir nicht beeinflussen können und das uns daher auch nicht beunruhigen sollte. *Diapherein* bedeutet im Griechischen »unterscheiden«. Entsprechend sind die *adiaphora* diejenigen Dinge, hinsichtlich derer wir keinen Unterschied machen sollten, weil wir sie nicht beeinflussen können: Eine Haltung der Indifferenz gegenüber den Segnungen und Unglücksfällen des Weltverlaufs. Der Stoiker fügt sich ein, gestützt auf eine deterministische Weltanschauung. Er weiß um die begrenzte Reichweite seines Einflusses und verspürt dennoch die Verpflichtung, alles in seiner Macht Stehende zu tun, um das Gute zu erreichen. Ein beeindruckendes Dokument dieser Lebenshaltung bieten die *Selbstbetrachtungen* des römischen Kaisers Marc Aurel, der im 2. Jahrhundert, als mächtigster Mann der antiken Welt, seine Pflicht im Kriege erfüllte und bemüht war, sich von anderen möglichst wenig abzuheben. Der Stoiker unterscheidet sich vom Epikureer im Tonus, in der Spannung seiner alltäglichen Lebensführung. Der Epikureer sucht die Entspannung, der Stoiker ist bemüht, sich zu kontrollieren und seine Pflicht zu erfüllen. Diese beiden Pole der antiken Lebenskunst prägen auch die moderne Kultur, die der Arbeit und der Pflichterfüllung einerseits und die der Entspannung und Unterhaltung andererseits.

9.
Was ist Philosophie?

»Philosophie« ist ein griechisches Wort, das übersetzt »Liebe zur Weisheit« bedeutet. In der griechischen Klassik des 4. und 5. Jahrhunderts vor Christus liegen die Wurzeln der europäischen Philosophie. Platon und Aristoteles gelten als die bedeutendsten Repräsentanten. Das hängt allerdings auch mit den Zufälligkeiten der Überlieferungsgeschichte zusammen: Die allermeisten Schriften aus dieser Zeit sind nicht erhalten. Von den Theorien der griechischen Philosophen der Antike können wir uns meist nur anhand von Bruchstücken, insbesondere Zitaten bei späteren, zumal römischen Autoren, ein Bild machen. Das ist bitter. Ich vermute zum Beispiel, dass Chrysipp, ein bedeutender Philosoph der Stoa, bis heute von großem, nicht nur historischem, sondern auch systematischem Interesse wäre. Chrysipp hat sich mit dem Thema der menschlichen Freiheit in einer natürlichen Ordnung, die von deterministischen, vorgegebenen Gesetzen bestimmt ist, auseinandergesetzt, also gerade dieses Thema in offenkundig großer Ausführlichkeit und Intensität behandelt, das heute wieder zahlreiche Artikel in den Feuilletons beschäftigt. Neurowissenschaftler behaupten, dass unser Gehirn, wie alles andere, was die Naturwissenschaft zu beschreiben sucht, einer deterministischen Kausalität, einer ursächlich bedingten Abhängigkeit gehorcht und von daher Freiheit und Verantwortung eine Illusion sei. Chrysipp war vor weit mehr als 2000 Jahren ebenfalls der Auffassung, dass die Natur von jenen deterministischen Gesetzen bestimmt ist, dass jedes Ereignis einer strengen deterministischen Kausalität gehorche, und doch seien Menschen für das, was sie tun, verantwortlich. Die strenge Unterscheidung zwischen dem, was unter unserer Kontrolle ist, und dem, was sich unserer Kontrolle entzieht, ist für einen Großteil des Denkens der sogenannten Stoa in der Antike charakteristisch.

Das stoische Denken ist eine Philosophie, man kann durchaus sagen eine Weltanschauung, die in der griechischen Klassik schon bald nach Aristoteles beginnt und in der römischen Antike dann zur Weltanschauung zumindest der Patrizierschicht, der römischen Elite, wird. Die Kontrolle der Gefühle, bis hin zu ihrer Auslöschung, ist dabei ein wichtiges Motiv (*apatheia*). Mit der Christianisierung des Römischen Imperiums kommt das Ende der Stoa, zumindest als dominierende Weltanschauung. Aber stoizistisches Denken lebt im christlichen Ethos bis in unsere Tage fort. Die aktuelle Auseinandersetzung um Selbstbestimmung am Ende des Lebens, die Frage, ob Patiententestamente verbindlich sind, ob es legitim sei, zu bestimmen, wann und unter welchen Umständen man aus dem Leben scheidet, die die Parlamente, auch den deutschen Bundestag, intensiv beschäftigt, hat man als späten Widerhall der Übereinstimmungen, aber eben auch des Konflikts zwischen stoizistischer und christlicher Ethik zu interpretieren. Der Stoiker strebt nach der uneingeschränkten Kontrolle des eigenen Lebens und der eigenen Gefühle. Er nimmt seine Verantwortung so ernst, dass er sich auch von seinen eigenen Gefühlsregungen nicht beeinflussen lassen will. Auch der christliche Priester verlangt von seinen Gemeindemitgliedern, dass sie ihre Triebe kontrollieren, dass sie ein gottgefälliges Leben führen und Verantwortung für sich selbst und andere übernehmen. Aber zugleich verlangt er Demut vor dem Schöpfer und hält den Wunsch, auch über das eigene Leben und den eigenen Tod bestimmen zu wollen, für einen Frevel wider die Allmacht Gottes.

Dieses Beispiel zeigt, dass man Philosophie, jedenfalls im Sinne der Antike, nicht lediglich als Streben nach Erkenntnis interpretieren darf. Sie versteht sich zumindest auch als Lebenskunst und philosophisches Nachdenken und hat seit der Antike immer auch einen kontemplativen, meditativen, die eigene Lebenseinstellung prägenden Aspekt. Weisheit (*sophia*) ist mehr als Wissen.

Die zeitgenössische Philosophie wird meist in drei große Bereiche unterteilt: Theoretische Philosophie, Praktische Philosophie und Geschichte der Philosophie. Die theoretische Philosophie widmet sich Fragen der Erkenntnis, umfasst also zum Beispiel Logik und Erkenntnistheorie, auch Metaphysik und Ontologie. Die Praktische Philosophie befasst sich mit Fragen des Handelns, der menschlichen Praxis. Zur ihr gehören neben der Ethik auch die Politische Philosophie, die Rechts- und Sozialphilosophie, welche teilweise auch in den juristischen Fakultäten angesiedelt ist. Die Geschichte der Philosophie befasst sich vor allem mit den Klassikern und deren Texten, aber auch der Entwicklung des philosophischen Denkens in den einzelnen Epochen.

Einteilungen dieser Art sind immer umstritten und geben

zu Missverständnissen Anlass. Zudem können die Grenzen zwischen diesen Teildisziplinen nicht scharf gezogen werden. Zu welchem Bereich etwa will man die Anthropologie zählen, also diejenige Disziplin, die sich damit befasst, was den Menschen ausmacht, was seine spezifischen Merkmale sind? Auch die Sprachphilosophie ist nicht eindeutig zuzuordnen. Gehört sie eher zur theoretischen Philosophie, da es um Verständigung, um Begründung, um unser sprachlich verfasstes Weltverständnis geht? Oder ist die Sprachphilosophie Teil der praktischen Philosophie, da die Sprache vor allem als gesprochene Sprache und das heißt als ein Teil menschlichen Handelns im Mittelpunkt steht? Diese Zuordnung ist also schon wieder abhängig von bestimmten philosophischen Auffassungen und daher problematisch.

Zudem gibt es bis heute einen Streit, wie man Philosophie als Disziplin eigentlich verstehen soll. Geht es in erster Linie um die historische Darstellung der Entwicklung philosophischen Denkens? Der Philosoph Wolfgang Stegmüller war der Meinung, dass es zwei ganz unterschiedliche Disziplinen gibt, die miteinander wenig zu tun hätten: einmal eine historische Disziplin, die sich mit der Geschichte des philosophischen Denkens auseinandersetzt, und zum anderen die Philosophie, die in systematischer Weise bestimmte Fragen zu klären sucht, etwa die, was eine Überzeugung begründen könnte oder wie der Zusammenhang zwischen Theorie und Beobachtung (eine fundamentale wissenschaftstheoretische Fragestellung) beschaffen ist, wie die Kriterien richtigen Handelns zu formulieren sind etc. Ähnlich verhält es sich mit der Geschichte der Physik, die eine ganz andere Disziplin ist als die Physik und in der Regel im Fach selbst gar keinen Ort hat, sondern in der Geschichtswissenschaft. Dem wird allerdings zu Recht entgegengehalten, dass – anders als in der Physik – die Klassiker der Philosophie für uns heute noch von großem – nicht nur historischem, sondern auch systematischem – Interesse sind.

Die Physik des Aristoteles, auch die des Thomas Hobbes aus dem 16. Jahrhundert, sind heute dagegen nur noch von historischem Interesse, sie sind systematisch vollkommen überholt, ihre Irrtümer und Fehlinterpretationen von Beobachtungen sind so offenkundig, dass niemand auf den Gedanken käme, heute eine Aristotelische oder eine Hobbes'sche Physik zu vertreten. Anders in der Philosophie: Auch heute noch gibt es Platoniker, besonders auch in der Wissenschaftstheorie und der Logik, die bestimmte Grundüberlegungen Platons zur Ontologie für richtig halten und auf moderne Theorien anwenden. Es gibt zahlreiche Aristoteliker in der praktischen Philosophie, die die Grundgedanken Aristoteles', zum Beispiel bezüglich der Rolle von Tugenden, Charaktermerkmalen und Dispositionen für ein gelungenes Leben und richtiges Handeln, teilen. Manche zeitgenössische Philosophen sind sogar davon überzeugt, dass so gut wie alle wichtigen philosophischen Theorien und Überzeugungen schon einmal in der Geschichte der Philosophie formuliert worden seien, dass derjenige, der also meint, in der Philosophie wirklich Neues leisten zu können, damit nur offenbart, dass er ungebildet ist oder ein schlechtes Gedächtnis hat. So gesehen befassen wir uns mit den Klassikern also nicht aus einem historischen Interesse, sondern weil wir Antworten suchen auf philosophische Fragen und überzeugt sind, dass die Klassiker uns dabei helfen können.

An dieser Stelle hakt der Philosophie-Skeptiker ein: Für ihn ist die Tatsache, dass die Klassiker unverändert aktuell geblieben sind, gerade der Beleg dafür, dass die philosophische Erkenntnis nicht voranschreitet, dass sie sich immer im Kreise dreht und die immer gleichen Fragen in neuen Formulierungen traktiert, ohne sie jemals beantworten zu können. Da diese Skepsis nicht nur in manchen Einzelwissenschaften, sondern auch bei vielen Bürgerinnen und Bürgern verbreitet ist, möchte ich darauf etwas ausführlicher antworten.

Gegen den Philosophie-Skeptiker sprechen zwei Argumente: das eine ist wissenschaftstheoretischer Natur und das andere anthropologischer. Zunächst das wissenschaftstheoretische. Das, was sich heute weltweit als Wissenschaft etabliert hat, und zwar ganz unabhängig von den kulturellen oder religiösen Kontexten, ist als Ganzes aus der Philosophie hervorgegangen. Dies ist aber nicht lediglich eine wissenschaftshistorische Tatsache, sondern charakterisiert die Rolle der Philosophie. Die Philosophie stellt Fragen, die aus dem lebensweltlich Vertrauten herausführen. Sobald diese Fragen sich mit einer konkreten Methode beantworten lassen, kann sich eine eigene wissenschaftliche Disziplin etablieren. Aber ohne die vorausgegangene Phase philosophischen Fragens wäre eine solche Disziplin erst gar nicht entstanden.

Die griechischen Stoiker teilten die Philosophie zunächst ein in Logik, Ethik und Physik. Noch Immanuel Kant meint in der *Grundlegung zur Metaphysik der Sitten,* also 2000 Jahre später, dass diese Einteilung der Philosophie nach wie vor Gültigkeit habe – allerdings gibt er ihr eine neue Interpretation. Die Logik beschäftigt sich mit den Regeln richtigen Schließens, allgemeiner: korrekten Begründens und

Argumentierens. Die Ethik beschäftigt sich mit dem Handeln und entwickelt Kriterien für richtig und falsch, für das Wertvolle und das Wertlose, mit dem, was wir tun oder erstreben sollten. Die Physik befasst sich mit der Natur und ihren Gesetzmäßigkeiten. Der bedeutendste Physiker der Neuzeit Isaac Newton hat sein Hauptwerk *Philosophiae Naturalis Principia Mathematica* im Jahre 1687 veröffentlicht. Die klassische Physik verstand sich als selbstverständlicher und zentraler Teil der Philosophie. Immanuel Kants Erkenntnistheorie kann man auch als eine philosophische Antwort auf die Herausforderung Isaac Newtons interpretieren.

Im 19. Jahrhundert beginnt der Prozess der Herauslösung der Einzelwissenschaften aus dem Schoß der Philosophie. Innerhalb weniger Jahrzehnte verselbstständigen sich die Physik, die Chemie und die anderen Naturwissenschaften, dann die Geisteswissenschaften, schließlich die Psychologie und die Sozialwissenschaften. Es entsteht das gesamte Spektrum der Einzelwissenschaften, wie wir es heute kennen und das sich nach wie vor in permanenter Veränderung befindet. Auch heute noch lösen sich nach wie vor Einzelwissenschaften ab, dieser Prozess ist keineswegs abgeschlossen. Die moderne Logik und Informatik ist ein Kind der philosophischen Logik des späten 19. und frühen 20. Jahrhunderts. Ein Gutteil der heutigen Linguistik ist aus sprachphilosophischen Überlegungen aus den 40er und 50er Jahren des vergangenen Jahrhunderts erst hervorgegangen.

Das Entscheidende aber ist, dass die philosophischen Ausgangsfragen zur Etablierung von wissenschaftlichen Forschungsprogrammen führen, die im Falle des Erfolgs dann die Etablierung einer eigenständigen, wissenschaftlichen

Disziplin nach sich ziehen. Hier gibt es keine scharfen Brüche, sondern ein Kontinuum.

Aus den Fragestellungen der Antike ist im Laufe der Jahrhunderte eine ganze Reihe von Disziplinen hervorgegangen, darunter Anthropologie und Ethnologie, Soziologie und Politikwissenschaft. Damit haben sich allerdings die Fragen nach der richtigen Form des menschlichen Zusammenlebens, nach den Kriterien gelungener gemeinschaftlicher Praxis, nach der Gerechtigkeit der politischen Ordnung etc. nicht erübrigt. Diese Fragen sind der Philosophie erhalten geblieben.

Die Philosophie der Gefühle aus dem 18. und 19. Jahrhundert transformiert sich gegen Ende des 19. und zu Beginn des 20. Jahrhunderts in die empirische Disziplin der Psychologie, begleitet von einer Philosophie der Emotionalität, die in den vergangenen Jahrzehnten eine Renaissance erlebte. Nach einer langen Dürrephase, die schon in den Lebzeiten Hegels beginnt und durch ein hohes Maß an Ideologisierung geprägt ist, hat auch die politische Philosophie einschließlich der Sozial- und Rechtsphilosophie, beginnend mit dem bahnbrechenden Werk von John Rawls über politische Gerechtigkeit, eine Renaissance.

Die Tatsache, dass philosophische Ausgangsfragen, wie etwa die nach den Bedingungen gemeinschaftlichen Handelns, von Einzelwissenschaften wie etwa der Soziologie behandelt werden, führt also keineswegs dazu, dass sie insgesamt aus der Philosophie auswandern und dort keine Rolle mehr spielten. Es gibt auch den gegenteiligen Effekt, dass die empirischen Befunde der Einzelwissenschaften auf die Philosophie zurückwirken und dort neue Forschungen anregen, und umgekehrt, dass philosophische Fragestellungen, wie sie etwa seit Anfang der 1980er Jahre von den Kommunitaristen aufgeworfen wurden, sozialwissenschaftliche Programme initiieren. Ich selbst habe an der Enquête-Kommission des Bundestages zum bürgerschaftlichen Engagement teilgenommen, einer Kommission, die, bestehend aus Abgeordneten und Sachverständigen, Fragen auf der Basis juristischer, ökonomischer, sozialer und ethischer Aspekte verhandelt und Empfehlungen für den Umgang mit bedeutenden Sachkomplexen erarbeitet. Und ich habe es als faszinierend empfunden, wie auch in der politischen Debatte philosophische, soziologische und rechtliche Fragestellungen miteinander verbunden sind.

Charakteristischerweise kehren die so entstandenen »wissenschaftlichen Kinder der Philosophie« oft Jahrzehnte später – zum Beispiel angesichts einer Grundlagenkrise – wieder zurück, um Verbindung mit ihrer Mutter aufzunehmen. So haben wir gegenwärtig einen intensiven Gedankenaustausch zwischen Philosophie und Ökonomie zur Theorie der praktischen Rationalität, der Rationalität der Entscheidungen. Ein Beitrag zu diesem Gedankenaustausch ist mein Buch *Die Optimierungsfalle, zur Philosophie einer humanen Ökonomie* (2011). Die Ökonomie geht von einem spezifischen Kriterium der Entscheidungsrationalität aus, nämlich das der Optimierung der Handlungsfolgen. In der Philosophie ist das von jeher umstritten. Dort gibt es Anhänger dieses ökonomischen Verständnisses von Rationalität, aber auch viele Gegner. Das in der Philosophie sehr verbreitete Konzept einer deontologischen Vernunft, einem Handeln aus Pflicht, also einer moralischen Praxis, die die Einhaltung bestimmter Regeln, etwa Verpflichtungen, zugrunde legt, ist mit dem ökonomischen Rationalitätsverständnis nicht vereinbar. Unterdessen gibt es aber zahlreiche empirischen Befunde, die zeigen, dass die menschliche Praxis dem Ideal ökonomischer Rationalität nicht entspricht, vielmehr gerade solche deontologische Merkmale aufweist, was in der ökonomischen Theorie zu einem neuen Interesse an philosophischen Fragen geführt hat.

Die zweite Antwort auf den Philosophie-Skeptiker ist nicht wissenschaftstheoretisch wie die erste, sondern eher anthropologisch. Es ist im Grunde überflüssig zu betonen, aber an dieser Stelle möchte ich es doch sagen, es handelt sich nicht um eine Antwort *der* Philosophie, sondern um *meine* Antwort auf eine philosophie-skeptische Herausforderung, die durchaus auch im Fach umstritten sein dürfte. Wir sollten uns die Frage stellen, wie es denn wohl kommt, dass manche Grundfragen der Philosophie sich so wenig ändern, während es in den Einzelwissenschaften einen derart rasanten Erkenntnisfortschritt zu geben scheint, dass die Ergebnisse der Forschung, die einige Jahrzehnte zurückliegen, schon als überholt gelten. Warum bleibt – um die Frage etwas zu differenzieren – die philosophische Argumentation so sehr im Fluss, warum ist es unmöglich, die philosophischen Erkenntnisse in einem Lehrbuch ein für alle Mal zusammenzufassen, wie etwa die klassische Mechanik in der Physik? Warum verfestigt sich der philosophische Erkenntnisfortschritt nicht in der gleichen Weise wie etwa der der Biologie? Wohlgemerkt, wie oben ausgeführt, der Erkenntnisfortschritt lässt sich durchaus als gesichertes Wissen zusammenfassen, aber eher dort, wo er in den Einzeldisziplinen und nicht in der Mutterdisziplin, der Philosophie, erarbeitet wurde.

Eine Antwort betont gerade dies: Die Philosophie als Fach versteht sich in der Moderne so, dass sie sich auf die schwierigen Fragen konzentriert, auf das, was sich einer methodisch gesicherten und empirisch gestützten Klärung entzieht. Man könnte es ironisch formulieren: Die Philosophie ist dasjenige Fach, dem die unlösbaren Fragen bleiben. Das habe ich im Auge, wenn ich von der Philosophie – ironisch – als einer »Residualwissenschaft« spreche. Man kann das Gleiche aber auch positiv wenden: Die Bedingungen menschlicher Existenz wandeln sich nicht so grundlegend, dass uns bestimmte Grundfragen, wie die nach dem guten Leben (Glück), nach der Gerechtigkeit (im sozialen und politischen Umgang), nach theoretischer und praktischer Vernunft, nach den Kriterien wohlbegründeter Überzeugungen und Handlungen, nicht erhalten bleiben.

Es ist ein szientistisches Missverständnis, eine besondere Form von Überheblichkeit, die insbesondere in manchen Naturwissenschaften verbreitet ist, zu meinen, dass sich die menschliche Lebensform durch den Einfluss von Wissenschaft, Technik und Ökonomie so fundamental ändere, dass uns keine dieser existenziellen Fragen erhalten blieben. Diese Fragen bleiben existenziell, weil sie Grundbedingungen menschlicher Existenz, jedenfalls in einem breiten kulturellen Spektrum, betreffen, weil sie mit unserem menschlichen Selbstverständnis und unserem Verhältnis zur Welt, unserem Weltbild, verbunden sind.

Ohne die Philosophie würden sich die Einzelwissenschaften von der Lebenswelt der Menschen entkoppeln. Die Philosophie hat auch die Aufgabe, zwischen »Lebenswelt« und »Wissenschaft« zu vermitteln. Ohne die Philosophie würde es noch schwieriger sein, die einzelwissenschaftlichen Forschungsergebnisse zu einem in sich stimmigen, wissenschaftlich begründeten Weltbild zusammenzuführen. Die Philosophie ist nicht nur Mittlerin zwischen Lebenswelt und Wissenschaft, sondern auch Integrationsdisziplin gegenüber den Einzelwissenschaften. Das Verhältnis von Philosophie und Lebenswelt hat mich über viele Jahre beschäftigt. Einige Ergebnisse sind in *Philosophie und Lebensform* (2009) nachzulesen.

Die Philosophie ist also erstens »Residualwissenschaft«: Ihr bleiben die schwierigsten, die existenziellen, die die menschliche Lebensform begleitenden Fragen erhalten. Die Philosophie ist zweitens »Orientierungswissenschaft« als eine normative, maßgebende Disziplin, sie stützt sich nur in geringem Maße auf empirische Methoden, sie strebt nach begrifflicher Klarheit und auf argumentative Verlässlichkeit (Logik) und entwickelt Kriterien der Normativität (Ethik). Sie kann dabei nicht die Rolle des Priesterstandes früherer Zeiten einnehmen und mit der Autorität höheren Wissens dekretieren, was richtig und was falsch, was gut und was böse ist. Aber sie kann eine pluralistisch verfasste, moderne Gesellschaft dabei unterstützen, sich Klarheit zu verschaffen darüber, was ihr wichtig ist, wie sich die Individuen selbst verstehen, welche Regeln sie gemeinsam akzeptieren. Die Philosophie ist drittens »Integrationswissenschaft«. Sie führt die einzelwissenschaftlichen Forschungsergebnisse zu einem »kohärenten Weltbild« zusammen, auch das ist ein Beitrag zu einer existenziellen Orientierung. Diese drei hier genannten Charakterisierungen der Philosophie als Residual-, Orientierungs- und Integrationswissenschaft sind nicht lediglich Beschreibungen dessen, was Philosophie als Disziplin heute de facto ausmacht, sondern man lese diese Charakterisierungen als Aufgaben der zeitgenössischen Philosophie.

Die Philosophie *sollte* sich mit den »ewigen«, den existenziellen Fragen menschlicher Existenz befassen, sie sollte sich dem nicht unter Verweis auf eine falsch verstandene Wissenschaftlichkeit zu entziehen suchen. Die Philosophie *sollte* zur Orientierung menschlicher Praxis beitragen und sich nicht auf die Bedeutungsanalyse moralischer Ausdrücke beschränken, wie dies für einige Jahrzehnte in der Analytischen Philosophie der Fall war. Die Philosophie *sollte* sich mit den einzelwissenschaftlichen Forschungsergebnissen auseinandersetzen, diese in Beziehung zueinander bringen und so zu einem kohärenten, wissenschaftlich begründeten Weltbild beitragen.

In allen drei genannten Funktionen ist die Philosophie Mittlerin zwischen Lebenswelt und Wissenschaft. Es gibt daher keinen Grund, den Versuch zu unternehmen, Kinder und Jugendliche von der Philosophie fernzuhalten. Meine Erfahrung ist: Sie würden es sich auch nicht bieten lassen. Kinder und Jugendliche stellen philosophische Fragen, und eine Philosophie, die sich so versteht, wie ich es hier umrissen habe, hat sich dieser Herausforderung zu stellen: mit der intellektuellen Offenheit, die für das Fach charakteristisch ist; mit dem Mut, der erforderlich ist, sobald man die schützenden Mauern der akademischen Welt verlässt; mit dem erforderlichen Augenmaß, um Kinder und Jugendliche nicht zu überfordern; und mit Humor, der angesichts der engen Grenzen philosophischer Erkenntnis, herausgefordert durch kindliche Fragen, unverzichtbar ist.

Klassiker der Philosophie

Sokrates (469–399 v. Chr.)
Er lebte zur Zeit der attischen Demokratie in Athen. Sokrates setzte den Dialog als philosophische Methode ein, die er selbst Mäeutik nannte (Hebammenkunst). Da Sokrates keine Schriften hinterließ, ist seine Philosophie nur über die Schriften anderer, wie etwa Platons, zugänglich.

Platon (428–348 v. Chr.)
Der griechische Philosoph und Schüler von Sokrates gründete eine Philosophenschule, die Akademie, von der aus sich seine Philosophie über die gesamte Welt der Antike verbreitete. Sein wichtigstes Werk ist die *Politeia*.

Aristoteles (384–322 v. Chr.)
Als Siebzehnjähriger trat Aristoteles in Platons Schule ein und lehrte dort bald selbst. Später wurde er der Lehrer Alexander des Großen. Sein wichtigstes Werk ist die *Nikomachische Ethik*.

Epikur (341–271 v. Chr.)
Bereits als Vierzehnjähriger begann er mit dem Studium der

Philosophie. Er begründete eine eigene Lehre, den sogenannten Epikureismus, die seit ihrer Gründerzeit viele begeisterte Anhänger, aber auch erbitterte Gegner hatte. Sein wichtigstes Werk sind die *Hauptlehren* (*Kyriai doxai*).

Chryssip (ca. 281–208 v. Chr.)
Der Grieche, der eigentlich Chrysippos von Soloi heißt, führte die Schule der Stoa an und war der Lehrer von Diogenes von Babylon. Leider sind von seinen Schriften nur Fragmente überliefert.

Cicero, Marcus Tullius (106–43 v. Chr.)
Cicero lebte in Rom und war Politiker, Schriftsteller und Philosoph, bekannt wurde er für seine großen Reden. Er repräsentiert die stoisch geprägte Weltanschauung der römischen Elite und hat mit seinem Werk *Über die Pflichten* (*De officiis*) ein wichtiges Dokument ethischer und politischer Praxisregeln hinterlassen.

Epiktet (um 50–125)
Der griechische Philosoph ist ein später Vertreter der Stoa. Bevor er seine eigene Philosophenschule gründete, lebte er als Sklave in Rom. Epiktet schrieb selbst keine Bücher. So sind seine Ideen nur in den Schriften seines Schülers Arrian zu lesen, das *Handbüchlein* (*Encheiridion*) war schon in der Antike ein »Bestseller«.

Aurel, Marc (121–180)
Der römischer Kaiser und stoische Philosoph sorgte nicht nur für innen- und außenpolitische Stabilität, sondern be-

mühte sich auch, die Stellung von Sklaven und Frauen in Rom zu verbessern. Sehr lesenswert sind seine *Selbstbetrachtungen* (*Meditationes*).

Seneca, Lucius Annaeus (um 1–65)
Seneca, genannt Seneca der Jüngere, war Philosoph, Dramatiker und Staatsmann. Später kümmerte er sich um die Erziehung des zukünftigen Kaisers Nero. Trotzdem beschuldigte ihn dieser später der Verschwörung und befahl ihm die Selbsttötung, die Seneca auch vollzog. Sein Text *Vom glückseligen Leben* (*De vita beata*) formuliert das stoische Verständnis gelungener Lebenspraxis.

Augustinus von Hippo (354–430)
Der Theologe und Philosoph ist die zentrale Figur der christlichen Patristik, dessen Denken die katholische Kirche über Jahrhunderte geprägt hat. Seine Schrift *Über den Gottesstaat* (*De civitate dei*) rechtfertigt das Christentum und entwickelt eine heilsgeschichtliche Deutung der Menschheitshistorie und grenzt Staat und Kirche voneinander ab.

Thomas von Aquin (1225–1274)
Der italienische Theologe und Philosoph prägte das christliche Denken seit dem Hochmittelalter nachhaltig. Seine Lehre stützt sich auf Aristoteles. Sein Hauptwerk: *Summa theologica*. Er ist bis heute die wohl prägendste Figur des katholischen Christentums.

Machiavelli, Niccolò (1469–1527)
Der florentinische Politiker, Dichter und Philosoph entwi-

ckelt seine politische Philosophie als Machttechnik und trennt die politische Praxis von der Ethik ab. Sein bekanntestes Werk ist *Der Fürst* (*Il principe*).

Bacon, Francis (1561–1626)
Der adelige Engländer war Philosoph und Staatsmann und wurde einer der Begründer des Empirismus und der modernen Naturwissenschaften. Sein Hauptwerk ist das *Neue Organon* (*Novum Organum*), in dem er die erkenntnis- und wissenschaftstheoretischen Grundlagen entwickelt.

Hobbes, Thomas (1588–1679)
Der englische Mathematiker und Philosoph nahm bereits als Vierzehnjähriger sein Studium in Oxford auf, wo er Logik und Physik studierte. Er legitimiert den Staat (*status civilis*) als Erster durch die allgemeine Zustimmung der Bürger und plädiert für ein uneingeschränktes staatliches Gewaltmonopol. Sein Hauptwerk ist *Leviathan*.

Descartes, René (1596–1650)
Der französische Philosoph und Mathematiker möchte die gesamte Philosophie und Wissenschaft von Grund auf neu entwickeln, ausgehend von Prinzipien, die man vernünftigerweise nicht bezweifeln kann (zum Beispiel *cogito ergo sum*). Er wird damit zum Begründer des Rationalismus. Sein einflussreichstes Werk sind die *Meditationen über die Grundlagen der Philosophie* (*Meditationes de prima philosophia*).

Locke, John (1632–1704)
Der englische Philosoph war Empirist und entwickelte eine

einflussreiche politische Philosophie, die zu einem Gründungsdokument des Liberalismus und der Menschenrechte wurde. Seine Überlegungen zur politischen Theorie beeinflussten die Unabhängigkeitserklärung der Vereinigten Staaten. Sein wichtigstes Werk ist *Über die Regierung* (*The Second Treatise of Civil Government*).

Spinoza, Baruch de (1632–1677)
Der niederländische Philosoph und Rationalist jüdischer Herkunft wurde aufgrund seiner religionskritischen Schriften aus der jüdischen Gemeinde ausgeschlossen und sogar eine Zeit lang aus Amsterdam verbannt. Seine Philosophie orientiert sich am mathematischen Exaktheitsideal, seine Gedanken werden logisch-deduktiv entwickelt. Als eines der wichtigsten Werke gilt sein *Theologisch-politischer Traktat* (*Tractatus theologico-politicus*), in dem er für die Freiheit des Vernunftgebrauchs und die Trennung von Theologie und Philosophie eintritt. Sein Hauptwerk ist jedoch die *Ethik* (*Ethica*), die er kurz vor seinem Tode beendete und in der er sein System immanentistischer Metaphysik entwickelt, deren Teil die Moraltheorie ist.

Newton, Isaac, Sir (1642–1726)
Der englische Physiker und Philosoph entdeckte die Grundgesetze der Bewegung und der Gravitation und begründete damit die klassische Physik (Mechanik). Sein Hauptwerk: *Die mathematischen Prinzipien der Naturphilosophie* (*Philosophiae Naturalis Principia Mathematica*).

Leibniz, Gottfried Wilhelm (1646–1716)
Der Universalgelehrte Gottfried Wilhelm Leibniz war als Philosoph, interdisziplinärer Wissenschaftler und Politiker eine zentrale Figur der deutschen Aufklärung. Er entwickelte eine rationalistische Metaphysik (*Discours de métaphysique*) und eine Monadenlehre (*Monadologie*) und prägte damit die deutsche Schulphilosophie, bis sie von Immanuel Kant einer radikalen Kritik unterworfen wurde.

Hutcheson, Francis (1694–1746)
Der irische Philosoph und Ökonom befasste sich mit Ethik und Ästhetik und entwickelt eine Philosophie der Gefühle und der menschlichen Natur, die als wohlwollend und altruistisch umschrieben wird. Sein Hauptwerk: *Eine Abhandlung über die Natur und das Verhalten der Leidenschaften* (*An Essay on the Nature and Conduct of the Passions and Affections*).

Hume, David (1711–1776)
Der schottische Philosoph ist bis heute der wohl wichtigste Vertreter des modernen Empirismus und damit Gegenspieler zu Immanuel Kant. Mit ihm begann die sogenannte Schottische Aufklärung. Zusammen mit Adam Smith ist er zugleich Begründer der modernen Ökonomie. Sein Hauptwerk: *Eine Untersuchung über den menschlichen Verstand* (*An Enquiry Concerning Human Understanding*).

Rousseau, Jean-Jacques (1712–1778)
Der französische Schriftsteller, Autodidakt und Philosoph ist ein wichtiger Wegbereiter der Französischen Revoluti-

on, dessen Überlegungen zur Erziehung und zur Politik bis in die Gegenwart einflussreich sind. Zusammen mit Denis Diderot und Jean-Baptiste le Rond d'Alembert verfasste er die *Ecyclopédie* – ein wichtiges Dokument der Aufklärung. Seine Hauptwerke: *Abhandlung über den Ursprung und die Grundlagen der Ungleichheit unter den Menschen* (*Discours sur l'origine et les fondements de l'inégalité parmi les hommes*) sowie *Der Gesellschaftsvertrag* (*Contrat Social*).

Kant, Immanuel (1724–1804)
Die Kritik des deutschen Philosophen an der rationalistischen Schulphilosophie, aber auch am Empirismus Humes begründet ein philosophisches Programm, dessen Faszination bis heute in der Erkenntnistheorie (*Kritik der reinen Vernunft*) und der Ethik (*Grundlegung zur Metaphysik der Sitten*) ungebrochen ist. Nach Kant kann es kein empirisches Wissen, also *aposteriori* – nach der Erfahrung, ohne *apriorisches* Wissen – vor der Erfahrung – geben.

Hegel, Georg Wilhelm Friedrich (1770–1831)
Der deutsche Philosoph prägte die Nach-Kantische Philosophie, den Deutschen Idealismus, für viele Jahrzehnte. Sein Hauptwerk: *Phänomenologie des Geistes.*

Darwin, Charles (1809–1882)
Der englische Naturforscher begründete die moderne Evolutionsbiologie. Sein wichtigstes Werk ist *Die Entstehung der Arten* (*The Origin of Species*).

Marx, Karl (1818–1883)
Der Philosoph und Gesellschaftstheoretiker engagierte sich zusammen mit Friedrich Engels in der Arbeiterbewegung. Sein Hauptwerk: *Das Kapital.*

Husserl, Edmund (1859–1938)
Der deutsche Philosoph und Mathematiker begründete mit seinem Werk *Philosophie als strenge Wissenschaft* die Phänomenologie, neben der Analytischen die zweite wichtige Strömung der Philosophie des 20. Jahrhunderts.

Russell, Bertrand (1872–1970)
Der englische Philosoph, Mathematiker und Nobelpreisträger ist einer der Begründer der Analytischen Philosophie. Hauptwerke sind: *Mathematische Prinzipien* (*Principia mathematica*) sowie *Eine Untersuchung über Bedeutung und Wahrheit* (*An Enquiry into meaning and truth*).

Wittgenstein, Ludwig (1889–1951)
Die beiden Hauptwerke des Wiener Philosophen sind die *Logisch-philosophische Abhandlung* (*Tractatus logico-philosophicus*) sowie die *Philosophischen Untersuchungen.* Insbesondere seine Spätphilosophie übt bis heute einen großen Einfluss aus, der über die Analytische Philosophie hinausgeht.

Camus, Albert (1913–1960)
Der französische Schriftsteller, Philosoph und Nobelpreisträger gilt als Vertreter des Existenzialismus. Bekannt wurde er durch Werke wie *Der Mensch in der Revolte* (*L'homme révolté*) oder das Drama *Caligula.*

Sartre, Jean-Paul (1905–1980)
Der französische Schriftsteller und Philosoph gilt als wichtigster Vertreter des Existenzialismus. Sein bekanntestes philosophisches Werk: *Ist der Existenzialismus ein Humanismus?* (*L'Existentialisme est un humanisme*).

Chomsky, Noam
Der amerikanische Linguist wurde 1928 geboren. Berühmt wurde er für seine Arbeit über die Generative Transformationsgrammatik. Sein Hauptwerk ist *Sprache und Geist* (*Language and Mind*).

Eco, Umberto
Der italienische Schriftsteller, Medienwissenschaftler und Philosoph wurde 1932 geboren. Berühmt wurde er durch seine Romane, vor allem den Welterfolg *Der Name der Rose.* Einen wichtigen Beitrag zur Kunsttheorie lieferte er mit dem Text *Das offene Kunstwerk* (*Opera aperta*).

Rawls, John (1921–2002)
Das wichtigste Werk des amerikanischen Philosophen ist *Eine Theorie der Gerechtigkeit* (*A Theory of Justice*), womit er eine Renaissance der politischen Philosophie einleitete.

Habermas, Jürgen
Der Frankfurter Soziologe und Philosoph Jürgen Habermas wurde 1929 geboren. Seine *Theorie des kommunikativen Handelns* bildet die Grundlage für seine Ethik (Diskursethik) und seine politische Philosophie (*Faktizität und Geltung*).

Weiterführende Literatur

Allgemeiner Überblick zur Philosophie

Bubner, Rüdiger (Hrsg.): *Geschichte der Philosophie in Text und Darstellung*. Stuttgart: Reclam, 1978–81.

Höffe, Ottfried (Hrsg.): *Kleine Geschichte der Philosophie*. München: C. H. Beck, 2001.

Nagel, Thomas: *Was das alles bedeutet. Eine ganz kurze Einführung in die Philosophie*. Stuttgart: Reclam, 2008.

Nida-Rümelin, Julian: *Lexikon der Philosophischen Werke*. Stuttgart: Kröner, 1988.

Störig, Hans-Joachim: *Kleine Weltgeschichte der Philosophie*. Frankfurt a. M.: Fischer, 1999.

Themenbereiche der einzelnen Kapitel

Erkenntnistheorie – Kapitel 2

Baumann, Peter: *Einführung in die Erkenntnistheorie*. Stuttgart: Metzler, 2006.

Bieri, Peter (Hrsg.): *Analytische Philosophie der Erkenntnis*. Weinheim: Beltz 1994.

Blau, Ulrich: *Die dreiwertige Logik der Sprache*. Berlin: De Gruyter, 1978.
Davidson, Donald: *Wahrheit und Interpretation*. Frankfurt a. M.: Suhrkamp, 1986.
Gettier, Paul: »Is Justified True Belief Knowledge? In: *Analysis* 23 (1963), 121–123.
Rescher, Nicholas: *Die Grenzen der Wissenschaft*. Stuttgart: Reclam, 1994.
Savigny, Eike: *Wittgensteins Philosophische Untersuchungen: Ein Kommentar für Leser*. Frankfurt a. M.: Klostermann, 1988.
Tetens, Holm: *Wittgensteins Tractatus. Ein Kommentar.* Stuttgart: Reclam, 2009.
Wittgenstein, Ludwig. *Über Gewissheit*. Frankfurt a. M.: Suhrkamp, 1984.

Ethik – Kapitel 3

Birnbacher, Dieter/Hoerster, Norbert (Hrsg.): *Texte zur Ethik*. München: Deutscher Taschenbuch Verlag, 1976.
Blackburn, Simon: *Gut sein. Eine kurze Einführung in die Ethik*. Darmstadt: Wissenschaftliche Buchgesellschaft, 2004.
Düwell, Marcus/Hübenthal, Christoph/Werner, Micha H.(Hrsg.): *Handbuch Ethik*. Stuttgart: Metzler, 2002 (2., akt. u. erweit. Auflage 2006).
Höffe, Otfried: *Lesebuch zur Ethik. Philosophische Texte von der Antike bis zur Gegenwart*. München: C. H. Beck, 1998 (3. Aufl. 2002).
Kutschera, Franz von: *Grundlagen der Ethik*. Berlin: De-Gruyter, 1999.

Mill, John Stuart. *Utilitarismus*. Stuttgart: Reclam, 2006.
Nussbaum, Martha: *Gerechtigkeit oder das gute Leben*. Frankfurt a. M.: Suhrkamp, 1998.
Pauer-Studer, Herlinde: *Einführung in die Ethik*. Wien: Wissenschaftlicher Universitätsverlag, 2003.

Angewandte Ethik – Kapitel 4

Morris, Desmond: *Der nackte Affe*. München: Knaur, 1968.
Nagel, Thomas: *Die Möglichkeit des Altruismus*. Frankfurt a. M.: Philo Fine Arts, 1996.
Nida-Rümelin, Julian (Hrsg. und Autor): *Angewandte Ethik. Die Bereichsethiken und ihre theoretische Fundierung*. Stuttgart: Kröner, 1996 (2., akt. Aufl. 2005).
Singer, Peter: *Die Befreiung der Tiere*. Reinbek: Rororo, 1996.
Tomasello, Michael: *Warum wir kooperieren*. Berlin: Suhrkamp, 2010.

Politische Philosophie – Kapitel 5

Dworkin, Ronald: *Was ist Gleichheit?* Frankfurt a. M.: Suhrkamp, 2010.
Gerhard, Volker: *Partizipation als Prinzip der Politik*. München: C. H. Beck, 2007.
Honneth, Axel (Hrsg.): *Kommunitarismus*. Frankfurt a. M.: Campus, 1993.
Krebs, Angelika (Hrsg.): *Gleichheit oder Gerechtigkeit. Texte der neuen Egalitarismuskritik*. Frankfurt a. M.: Suhrkamp, 2000.
MacIntyre, Alasdair: *Der Verlust der Tugend. Zur moralischen Krise der Gegenwart*. Frankfurt: Suhrkamp, 1995.

Nida-Rümelin, Julian: *Demokratie und Wahrheit.* München: C. H. Beck, 2006.

Nozick, Robert: *Anarchie, Staat, Utopia.* München: Olzog, 2011.

Anthropologie – Kapitel 6

Hartung, Gerald: *Philosophische Anthropologie.* Stuttgart: Reclam, 2008.

Mühlmann, Wilhelm E.: *Geschichte der Anthropologie.* Frankfurt a. M.: Athenäum, 1968.

Thies, Christian: *Einführung in die philosophische Anthropologie.* Darmstadt: Wissenschaftliche Buchgesellschaft, 2004.

Philosophie des Geistes – Kapitel 7

Douglas, Mary: *Wie Institutionen denken.* Frankfurt a. M.: Suhrkamp, 1991.

Nida-Rümelin, Martine: *Der Blick von innen. Zur transtemporalen Identität bewusstseinsfähiger Wesen.* Frankfurt a. M.: Suhrkamp, 2006.

Nida-Rümelin, Julian: *Verantwortung.* Stuttgart: Reclam, 2011.

Pauen, Michael: *Grundprobleme der Philosophie des Geistes. Eine Einführung.* Frankfurt a. M.: Fischer, 2005.

Schröder, Jürgen: *Einführung in die Philosophie des Geistes.* Frankfurt a. M.: Suhrkamp, 2004.

Searle, John: *Geist. Eine Einführung.* Frankfurt a. M.: Suhrkamp, 2006.

Teichert, Dieter: *Einführung in die Philosophie des Geistes.* Darmstadt: Wissenschaftliche Buchgesellschaft, 2006.

Lebenskunst – Kapitel 8

Fellmann, Ferdinand: *Philosophie der Lebenskunst zur Einführung*. Hamburg: Junius, 2009.

Hadot, Pierre: *Wege zur Weisheit – oder was lehrt uns die antike Philosophie?* Frankfurt a. M.: Eichborn, 1999.

Nehamas, Alexander: *Die Kunst zu leben. Sokratische Reflexionen von Platon bis Foucault.* Hamburg: Rotbuch, 2000.

Noll, Hermann: *Charakter und Schicksal.* Frankfurt a. M.: Schulte-Bulmke, 1932.

Mikulaschek, Nikolaus: *Leonard Nelson. Das sokratische Gespräch.* München: Grin, 2006.

Thomä, Dieter (Hrsg.): *Lebenskunst und Lebenslust: Ein Lesebuch vom guten Leben.* München: C. H. Beck, 1996.

Kinderphilosophie

Horster, Detlef: *Philosophieren mit Kindern.* Opladen: Leske & Budrich, 1992.

Martens, Ekkehard: *Sich im Denken orientieren. Philosophische Anfangsschritte mit Kindern.* Hannover: Schroedel, 1989.

Matthews, Gareth B.: *Philosophische Gespräche mit Kindern.* Berlin: Freese, 1989.

Lipman, Matthew/Glatzel, Martin: *Harry Stottlemeiers Entdeckung.* Hannover: Schroedel, 1983.

Lipman, Matthew: *Handbuch zu Pixie.* Wien: Hölder-Pichler-Tempsky, 1986.

MIX
Papier aus verantwortungsvollen Quellen
FSC® C006701

Verlagsgruppe Random House FSC-DEU-0100
Das für dieses Buch verwendete
FSC®-zertifizierte Papier *Munken Premium*
liefert Arctic Paper Munkedals AB, Schweden.

1. Auflage
© 2012 beim Albrecht Knaus Verlag, München,
in der Verlagsgruppe Random House GmbH
Lektorat: Manuela Kahle
Gesetzt aus der Sabon von
Buch-Werkstatt GmbH, Bad Aibling
Druck und Einband: CPI – Ebner & Spiegel, Ulm
Printed in Germany
ISBN 978-3-8135-0464-4

www.knaus-verlag.de